『北の国から 2002 遺言』より

『北の国から』黒板五郎の言葉

都会は無駄であふれ、
その無駄で食う人々の数が増え、
すべては金で買え、
人は己のなすべき事まで他人に金を払いそして依頼する。
他愛《たわい》ない知識と情報が横溢《おういつ》し、
それらを最も多く知る人間が偉い人間だと評価され、
人みなそこへあこがれ向かい、
その裏で人類が営々とたくわえて来た生きるための知恵、
創る能力は知らず知らずに退化している。
それが果たして文明なのだろうか。
『北の国から』はここから発想した。

倉本 聰

はじめに

『北の国から』は奇跡のドラマである

それは衝撃的だった。見たことのないドラマだった。「これは一体なんだ！」と思わず、そんな言葉が口をついて出た。1981年10月9日金曜日の夜、倉本聰脚本の『北の国から』（フジテレビ系）第1話を見終わった時のことだ。

当時、金曜夜10時という同じ時間帯にはドラマが3本並んでいた。1本目は、この年の5月から始まっていた、藤田まこと主演『新　必殺仕事人』（81年5月～82年6月、テレビ朝日系）。もう1本が9月にスタートした山田太一脚本のドラマ『想い出づくり。』（81年9～12月、TBS系）だ。

シリーズとして固定ファンを持つ『必殺』もさることながら、『想い出づくり。』も女優3人の生き生きとした掛け合いが軽妙で話題となっていた。演じたのは森昌子、古手川祐子、田中裕子の3人。当時は結婚適齢期といわれていた24歳の女性たちが、平凡な日常生活から脱却しようと都会をさまよう物語だ。ちなみに脚本は山田太一、演出は鴨下信一、プロデューサーは大山勝美。後に大ヒット作となる『ふぞろいの林檎たち』の布陣と同じだ。

異例の物語だった『北の国から』

人気2番組に遅れて参入してきた『北の国から』の主演俳優は、田中邦衛である。60年代から70年代にかけての田中は、加山雄三の映画『若大将』シリーズや『仁義なき戦い』シリーズでの脇役という印象が強かった。ドラマの主役といえば、スターだったり二枚目だったりすることが当たり前の時代に、いきなりの「主演・田中邦衛」。多くの視聴者は戸惑ったはずだ。

そして肝心の物語も尋常ではなかった。東京で暮らしていた黒板五郎（田中）が2人の子どもを連れ、生まれ故郷である北海道富良野市の麓郷《ろくごう》に帰ってくるところから物語は始まる。仕事を求めて東京に出てきた五郎は、令子（いしだあゆみ）と結婚して2人の子、純

（吉岡秀隆）と螢（中嶋朋子）をもうけた。しかし、妻令子の不貞をきっかけに五郎は、子どもたちを連れて富良野へ帰ることを決意したのだ。

撮影の主な舞台は北海道となる。それまでも単発ドラマなどで「地方」が描かれることはあったが、連続ドラマを「現地」で撮り続けることなどあり得なかった時代だ。主演俳優同様、これも異色のことだった。

冬は気温がマイナス20度にもなる富良野でのロケ。俳優陣を支えた杉田成道《しげみち》をはじめとする演出家たち、技術や美術のスタッフの奮闘もドラマ史に残るものだ。

倉本が私に語ったところによると、当初、フジテレビから受けたオファーは「映画の『キタキツネ物語』（78年）のようなものを書いてほしい」だったという。ヒット映画のテレビ版を狙ったのだろう。しかし、蔵原惟繕《これよし》監督が知床の斜里町や網走でキタキツネを探して4年も粘ったような制作体制は組めないはずだと、倉本は断った。

すると今度は、北海道で日本版『アドベンチャーファミリー』（75年、米映画）のような作品はどうでしょう、と言われる。ロサンゼルスで暮らしていた一家が、何もないロッキーの山中に移住する物語。家族が力を合わせて大自然と向き合う姿が評判を呼んだ。しかし、北海道にロッキーに匹敵するような場所はない。倉本はこの案も退けた。

だが、フジテレビ側は「テレビを見るのは主に東京の人だからかまわない」と言う。これに倉本が激怒した。北海道を舞台にドラマを作って東京の人に見せるからといって、北海道の人間が「嘘だ！」と思うようなものは作るべきではないからだ。

「廃屋」が象徴する重い現実

思えば、『前略おふくろ様』（75～76年、日本テレビ系）も、プロの板前が見て納得できるドラマだった。結局、倉本自身が新たに企画書を書くことになる。

実は、『北の国から』を書き始める2～3年前から、倉本はよく富良野の原野を歩き回っていた。そこで頻繁に目にしたものが、物語の核となっていく「廃屋」だ。中に入ると、壁に〈寂しいときにはあの山を見た〉などの落書きがあった。赤いランドセルも置いてあり、広げた雑誌『少女フレンド』の表紙には少女時代の小林幸子の写真……。まさに「夜逃げ」の光景だった。

倉本によれば、北海道には3種類の廃屋があるという。海岸に残された番屋（漁民の作業場兼宿泊所）の廃屋。山に残された炭住（炭鉱労働者用住宅）の廃屋。そして、原野に残された農家の廃屋だ。水産業、鉱業、農業……。かつて日本の繁栄を支えた産業に従事した人々の家だ。高度経済成長を経て構造転換の大波の中で衰退し、やがて国に見捨てられていった。廃屋はその残骸だ。

捨てられた人たち、忘れられた人たちの無念が、倉本にペンを執らせたのかもしれない。ドラマの中で、最初に五郎たちが住もうとした家も廃屋のようなものだった。もちろん水道も電気もガスもない。

第1回で、このあばら家に衝撃を受けた純が五郎に「電気がなかったら暮らせませんよッ」と泣きそうになって訴える。そして「夜になったらどうするの!」と続けた。この時の五郎のたんたんとした答えが、純だけでなく、私を含む視聴者を驚かせた。

「夜になったら眠るンです」

このセリフこそ、その後20年にわたって続くことになるドラマ『北の国から』の〝闘争宣言〟だった。明るくなったら目覚め、夜になったら眠る。一見、当たり前のことだ。しかし80年代初頭の日本では、いや東京という名の都会では、街は24時間稼働し、人はカネさえあれば何でも買えると思い込み始めていた。やがて「バブル崩壊」という結末が訪れることなど想像することもなく、人々は右肩上がりの経済成長を信じて疑わず、繁華街で飲み、食べ、歌い、遊んだ。

そんな光景に背を向けて、黒板一家は都会から地方に移り住み、自給自足のような生活を始める。倉本は自身が抱えていた違和感をドラマの中に盛り込んだのだ。

「これは一体何なのか」、そう訝《いぶか》しんだ視聴者も、回が進むにつれて徐々に、倉本が描く世界から目が離せなくなる。そこに、当時の日本人に対する、怒りにも似た鋭い批評と警告、そしてメッセージを感じ取ったからだ。本書の巻頭に置いた倉本の言葉は、82年1月5日の北海道新聞夕刊に掲載されたものだが、このドラマの本質を端的に語っている。

80年代社会への「異議あり」

80年代は、現在へとつながるさまざまな問題が噴出し始めた時代でもあった。世界一の長寿国となったことで到来した「高齢化社会」。地方から人が流出する現象が止まらない「過疎化社会」。何でもカネに換算しようとする「経済優先社会」。ウォークマンの流行に象徴される「個人社会」……。

『北の国から』は「その生き方でいいのか」と別の価値観を提示していた。倉本は私にこう語った。

「自分で書いておいて変だけど、いま思えば、あのドラマは我々の生きるべき座標軸を示していましたね」

「家族」にも変化が起きていた。「単身赴任」が当たり前になり、父親が「粗大ごみ」などと呼ばれたりもした。また「家庭内離婚」や「家庭内暴力」といった言葉も広く使われるようになる。『北の国から』はこうした時代を背景に、視聴者が無意識の中で感じていた「家族」の危機と再生への願いを、苦みも伴う物語として具現化していたのだ。

このドラマの魅力の源泉は、何といっても倉本の脚本だ。日常をベースにしていながら、山あり谷ありの起伏に富んだストーリー。そして、倉本が脚本を書く時、最も大事にしている作業が、登場人物の詳細な「履歴作り」である。いつ生まれ、どのように育ち、誰と出会い、何をしてきたのか。まるで実在の人物を扱うように詳細な履歴書を作成していく。

その上で、愛用の200字詰め原稿用紙を、ひとマスずつ、特徴のある書体で埋めていく。そこに奥行きのある登場人物が立ち現れ、彼らが口にする印象的なセリフの数々が生まれる。

黒板五郎の「履歴」

制作開始前のキャスティング段階で、黒板五郎役の候補は複数あった。倉本によれば、高倉健、藤竜也といった名前も挙がっていたそうだ。その中から田中邦衛が選ばれたのはなぜか。「邦さんが一番情けなかったから」と倉本は笑う。

黒板五郎は決してヒーローではない。聖人君子でもない。弱さも狡《ずる》さも持つ普通の男だ。しかし北海道での生活を通じて自分と向き合い格闘していく。時には自分自身に勝つが、敗けることも多い。だが、この「愛すべきダメ男」の真摯で正直な生き方は見る側の心を揺さぶった。倉本の脚本が造形した人物像を、田中邦衛という俳優が見事に具象化したからだ。

以下に記すのは、企画書の段階で倉本が書いた、黒板五郎の半生が分かる「履歴」である。81年の放送で視聴者が初めて五郎に会うまでの〝見えざる軌跡〟が、ここにある。

昭和10年1月5日
北海道上川郡下富良野町字麓郷に農業黒板市蔵、うめ五男として生まれる。
昭和16年4月
同所麓郷小学校入学。
昭和17年10月
父市蔵死亡。
昭和22年4月
麓郷中学校入学。教師田中文雄より剣道の手ほどきを受ける。
昭和23年7月
同校後輩吉本咲子に初恋。兄直治に呼び出され、殴られてあきらめる。
同年9月
剣道初段。交番の看板を盗んで捕まり、譴責《けんせき》処分。
昭和25年4月
富良野工業高校入学、剣道部に籍を置く。
昭和26年10月

次兄、三兄を炭鉱事故で同時に失う。同じ頃、隣の女子高校1年久山百合子と恋愛、童貞喪失、同時に一発で妊娠さす（友人カンパにて処分し、表沙汰にならず）。

昭和27年11月

百合子友人前野タカコと恋愛、又一発で妊娠（同上処分）。前後して元同級生菅原絹子も妊娠させ、「一発のゴロ」の異名をとる。

昭和28年4月

同校卒業と同時に集団就職で上京、東京田端の中村製鋼所に旋盤工見習いとして入る。自動車免許とる。

同年7月

母うめ死去。

昭和29年12月

つとめ先事務員岡田みどりと不祥事を起こし、馘《くび》になる。

昭和30年3月

東京上板橋あけぼの自動車修理工場に見習いとして入社。

同年10月

正社員に採用。
昭和32年5月
中央区築地高津自動車サルベージへ転職。
昭和43年2月
同社近くの栗山理髪店店員宮前令子を知る。
同年6月
結婚。
昭和44年1月
長男純誕生。
昭和45年5月
交通事故起こし、会社を馘になる。
同年6月
青山三丁目、坂田商会ガソリンスタンドに入社。
同年12月
長女螢出生。

昭和51年4月
坂田商会淀橋支店に転配。この頃より妻令子、新宿の美容院「ニュー・ワカバ」につとめ出す。
昭和53年12月
美容院「ＲＥＩ」を開設。令子に男が出来たことを知る。
昭和54年5月
令子、突如逐電。呆然。
昭和55年4月
北海道へ帰る。

81年10月にスタートして82年3月末に全24話の放送を終えた『北の国から』は、スペシャル形式で2002年まで続いた。そこには20年の時の流れがあり、徐々に年老いていく五郎の姿がある。その一方で、大人になっていく子どもたちの仕事、恋愛、結婚、いや不倫までもが描かれていった。
見る側は、フィクションであるはずの「黒板一家」を親戚か隣人のように感じながら、五郎と一緒に笑い、泣き、悩み、純や螢の成長を見守り続けた。彼らと並走するように同じ時代を生き、年齢を重ねてきたのだ。放送開始から40年が過ぎた今、あらためて断言したい。『北の国から』は、奇跡のドラマである。

碓井 広義

目次

黒板五郎の言葉

北の国から 第1回

黒板五郎（田中邦衛）は、息子の純（吉岡秀隆）と娘の螢（中嶋朋子）を連れて、故郷の北海道・富良野へと戻って来た。東京にいる妻・令子（いしだあゆみ）とは距離を置き、子どもたちと富良野で暮らすためだ。しかし、住もうとする家には電気も水道もガスもないことを知って、純は愕然とする。

家・二階

純の驚愕の顔。

純「電気がないッ⁉」

裏

トイレの板壁をはり直している五郎に、純、もう然とくい下がる。

純「電気がなかったら暮らせませんよッ」

五郎「そんなことないですよ（作業しつつ）」

純「夜になったらどうするの！」

五郎　**「夜になったら眠るンです」**

純　「眠るったって。だって、ごはんとか勉強とか」

五郎　**「ランプがありますよ。いいもンですよ」**

純　「い――。ごはんやなんかはどうやってつくるのッ!?」

五郎　**「薪で炊くンです」**

純　「そ。――そ。――テレビはどうするのッ」

五郎　**「テレビは置きません」**

純　「アタア!　けど――けど――冷蔵庫は」

五郎　**「そんなもンなまじ冷蔵庫よりおっぽっといたほうがよっぽど冷えますよ。こっちじゃ冷蔵庫の役目っていったら物を凍らさないために使うくらいで」**

3人の夕食。純は口もきかない。かつてこの家に住んでいた頃の話をする五郎。同じ屋根の下に馬もいたことを知って、螢は目を輝かす。

居間

螢　「螢も乗れるかな」

五郎　**「ああすぐ乗れる」**

螢　「やったァ！　そしたら水くみに馬で行けるよね」

五郎　**「ああ行けるとも」**

螢　「薪拾うのも？」

五郎　**「何だって馬が手伝ってくれる」**

螢　「学校に行くときも馬で行けるかな？」

五郎　**「行けるんじゃないすか？　馬ってものは夜もな、どんなに真っ暗闇でも、それからどんな吹雪の時でも馬にまかしてのっかってたら黙って家までつれてってくれる」**

螢　「本当!?」

五郎　**「本当さ。馬ってのァかしこいもンなんだ」**

螢　「夜中でも目が見えるンだ」

五郎　**「見える。そう」**

螢　「最高！　螢、学校に馬で通う！」

五郎「**うン**」

螢「ロマンチックだね」

五郎「**ロマンチックだろ？**」

純の声「何がロマンチックだ！」

五郎「**ホラ食え。煮えてるぞ**」

螢「ハイ」

五郎「**純君もどんどん食べなさい**」

語り「恵子ちゃん。サギだ！　ぜんぜん！　サギです」

純、飛んできた虫を追う。

語り「北海道がロマンチックなンて」

五郎が、富良野への移住を考えたのは、令子の不倫が原因だった。だが子どもたちを連れて行こうとする五郎に、令子は強く反発した。その時のことを思い出す五郎。令子の妹、雪子（竹下景子）も同席していた。

喫茶店（東京・記憶）

五郎　**「これまでずっと——おやじとしてあいつらに——」**
令子　「——」
五郎　**「オレは何一つしてやってない」**
令子　「そんなことないわよあなたは」
五郎　**「いやしていない——何もできなかった」**
令子　「——」
五郎　**「オレは——能なしだし。教育も何も——。全部君ひとりにまかせっぱなしだった」**
令子　「そんなことありませんよ」
五郎　**「いやそうだった」**
雪子。
——チラッと五郎を見る。
令子　「じゃ、かりにそうだとして」
五郎　**「君が出てってからずっと考えた」**

雪子のごく短い一切。

五郎　**「あいつらのことを——ずっと考えた」**

令子　「——」

間。

五郎　**「そしてそう決めた。オレは悪いけど——もうそう決めた」**

五郎は、富良野へ来たことを子どもたちがどう思っているのか、気になっていた。螢と一緒に、沢まで水を汲みに行った時、螢がそのことを口にする。

沢

螢　「父さん」

五郎　**「あ？」**

螢　「もしも、私たちがいなくなっても、父さんここで一人で暮らした？」

五郎。

沢の音。

間。

五郎「そうだな」

間。

五郎「考えただろうな」

間。

五郎「でも――」

間。

五郎「さびしいけどきっと――」

間。

五郎「暮らしてただろうな」

間。

五郎「だれだってそうやって――」

螢「――」

五郎「最後は一人に」

螢　「心配しないでいい」

五郎　「――」

螢　「螢はずっと――父さんといっしょにいる」

五郎。

間。

――ゆっくり沢で顔を洗いかける。

北の国から 第2回

純は、富良野での生活にまだ馴染めない。それどころか、何とかして母に連絡をとり、東京へ戻れないかと考えている。

家・一階

朝食。食べつつ、

五郎「**——そうだ、君たちお金を持ってますか？**」

螢「持ってる」

純「持ってません、先月からお小遣いもとどこおっており」

五郎「**すこしはあるでしょう**」

純「——」

五郎「**すこしくらいは**」

純「ほんのすこしですよ」

五郎　「それ出しなさい」

純　「どうしてですか!?」

五郎　「いいから出しなさい。螢君も出しなさい」

螢　「ハイ」

螢、金を出す。

純も——しぶしぶ金を出す。

五郎　「これは父さんがあずかります」

純　「ア！　イヤ、シカシ」

五郎　「ここの生活に金はいりません。欲しいもんがあったら——もしもどうしても欲しいもンがあったら——自分で工夫してつくっていくンです」

純　「(ふん然) だ、だけどそんなこといったって！」

五郎　「つくるのがどうしても面倒くさかったら、それはたいして欲しくないってことです」

純　「(口の中で) アヤ、しかし、ソリャ」

五郎　「(ニコニコと立って) さてと、それじゃあ働きますか。今日も一日、元気でいきましょう！」

五郎は、純と螢に冬支度の手伝いをさせる。重い石を、ネコと呼ばれる一輪車に載せて、何度も運ぶ二人。螢は平気だが、純の中では不満が溜まっていく。

家の前

汗だくで風倒木をかついでくる五郎。

純と螢、かろうじて到着。

純　「どこに置くんですか」

五郎　**「ああそこンとこに積んでください」**

二人、石をあける。

純　「やりました」

五郎　**「ハイ、またたのみます」**

純　（ふくれあがる）

純　ふたたびネコを引いて螢と歩きつつ、
「(ブツブツ)よくやりました、とか、ありがとうとか、ひと言くらいいったらどうなンだ！」

労働

石を運ぶ二人。
風倒木を鋸で引く五郎。
石をあける二人。

純　「まだですかァ！」

五郎　「あと五十回！」

純、目をむいて。

純　「(螢にささやく)きいたかオイ、やっぱり殺す気だ」

東京へ戻りたいという、純の本心を知っている螢。父と兄との間で気持ちが揺れる。

夜

焚火の火。虫のすだき（＊注＝虫などが集まってにぎやかに鳴くこと）。

その前で丘ムロを完成せんと黙々と働いている五郎。

螢がそばに来て黙って手伝う。

螢　「（小声で、ポソリ）お兄ちゃん、母さんに手紙書いてる」

五郎。

螢　「呼びもどしてもらうようにたのむんだって」

五郎　**「――」**

螢　「父さんには、ぜったい秘密だぞって」

五郎　**「――」**

間。

五郎　**「そこの熊笹とってくれ」**

螢　（とって渡す）

間。

虫のすだき。

五郎　「**螢**」

螢　「ハイ」

間。

五郎　「**告げ口はいけないな**」

螢　「――」

五郎　「**お兄ちゃんは君のこと信用して、こっそり教えてくれたンだろう？**」

螢　「――」

五郎　「**秘密は人にもらしちゃいかんな**」

螢。

螢　「ゴメンナサイ」

五郎は、子どもたちを地元の小学校（分校）に転校させるため、教員の木谷涼子（原田美枝子）に相談する。

分校・職員室

涼子　「できるンでしょ?」

間。

五郎　「ア、イヤ別に。できるといっても」

間。

涼子　「東京の子って。――気が重いのよね」

五郎　「ハア」

涼子　「それに――」

間。

五郎　「ハ?」

間。

涼子　「教師として私。――よくありませんよ」

五郎　「ア、イヤそんな（笑う）何をおっしゃいます」

涼子　「そういうおベンチャラ。好きじゃないのよね」

五郎「**ハイ**」

間。

涼子「二十三だし。健康だし。女だし。だから。――人格者であるわけないし」

五郎「**――**」

涼子「そう思いません？」

五郎「**そりゃァ。――ハイ**」

涼子「――」

五郎「**それで――いいンじゃないスか？**」

北の国から　第3回

純は、叔母の雪子に、母のところに戻りたいと助けを求めた。雪子は五郎に純の気持ちを伝える。さらに自分のことも……。

石炉

雪子「私もこっちに移る気で来たのね」
五郎「──」
雪子「もちろん義兄さんが許してくれればだけど」
五郎「──」
雪子「そうすれば純ちゃんも多少は変るでしょう？」
五郎「──」
雪子「お義兄さんだって、──男手一つでやってくよりは」
五郎「**そうはいかないよ**」

間。

雪子。

雪子「どうして？」

五郎「**そんなわけには――。そりゃあ――。いかないよ**」

雪子「どうして？」

五郎「**――**」

雪子「それは、私が――」

五郎「**――**」

雪子「姉さんの妹だから？」

五郎「**――**」

雪子「だけど」

五郎「**雪ちゃん**」

雪子「――」

五郎「**同情ってやつは**」

雪子「同情じゃないわ」

五郎「**同情ってやつは男には——つらいんだよ**」

雪子「——」

間。

五郎「**つらいんだよそういうのは、——男の場合**」

雪子「——」

純は、自分が東京へ行こうとしていることを、初めて父に伝える。しかし、五郎はすでに他の人から聞いて知っていた。

炉に

薪がパチパチと燃えている。

純「おこらないでください」

五郎。

純「お願いします」

五郎。
純、頭をさげ二階へ行こうとする。
五郎「**純君**」
純「――」
五郎「**父さんは――**おこっちゃいません」
純「スミマセン」
五郎「ただ――」
純「――」
五郎「**かなしいです。いま――。非常にかなしいです**」
純「――」
五郎「**帰りたいというのは当然です。**かまいません。ただ――、そのことを――。**父さ**んに**直接**しゃべることをせず、――雪子おばさんをとおしていう君は――」
純「――」
五郎「**卑怯です。とっても卑怯なことです**」
純。

雪子。

五郎「そのことが父さんは、非常にかなしいです」

純。

間。

五郎「帰ることについては、よくわかりました」

純「――」

音楽――低い旋律ではいる。B・G（背景に流れる音楽）。

その後、純と雪子は東京へと向かうことになった。五郎の従兄、清吉（大滝秀治）も駅まで送りに来たが、「お前ら敗けて逃げて行くんじゃ」と厳しい言葉を投げつける。

家の中（夜）

純と雪子がいなくなった家の中は、五郎と螢の二人だけだ。

虫が鳴いている。
ストーブのそばでぬい物をしている五郎と、ランプのホヤをみがいている螢。

螢　「父さん」
五郎　**「ん？」**
螢　「学校で今日、男の子にきかれた」
五郎　**「——何て」**
螢　「お前の名前、どうして螢っていうンだって」
五郎　**「——（ぬい物をつづけている）」**
螢　「どうして？」
五郎　**「——」**
間。
五郎　**「むかし——父さんがこの村を出たときな」**
螢　「ウン」
五郎　**「父さん、家中のだれにもいわずに、こっそり夜中に一人で抜け出して——真っ暗ン中を富良野まで歩いたンだ」**

螢「――うン」

五郎「そのころ――ここらはホタルがいっぱいいて――それが父さんにまとわりついてな」

螢「螢、ホタルってまだ見たことない」

間。

五郎「ホタルの光ってのは――チロチロ飛んでな。それが――父さんの、前や後ろや――まるで――行くなっていってるみたいで」

螢「――」

間。

螢「だから私に螢ってつけたの？」

五郎「ああ」

しばらくして、純と雪子は東京行きを思いとどまり、引き返してきた。翌日、その年初めての雪が降った。

北の国から　第4回

再び、雪子を含む4人の生活が始まった黒板家。

窓外（朝）

みぞれがかすかに舞っている。
螢と純の声「おはよう」
五郎と雪子の声「おはよう」

家・一階

二階からおりてきた純と螢。

純「お父さん、二階寒くてたまりません」

五郎「そうでしょう」

純　「あれじゃ眠られません。何とかしてください」

五郎　「(明るく)だから早いとこ何とかしなさいってこの前から父さんいってたでしょうが」

純　「ぼくが自分でやるンですか!?」

五郎　「そりゃそうですよ。上は君たち三人が寝てるンだし、中で男は君だけなンですから」

純　「だって——じゃァお金ください！　予算がなければ」

五郎　「(ほがらかに)お金があったら苦労しませんよ。お金を使わずに何とかしてはじめて、男の仕事っていえるンじゃないですか」

純　「オトコ——！　だってボクまだ子どもですよ!!」

五郎　「子どもだって男は男でしょうが。知ってますよちゃんとオチンチンついてるの」

雪子　「たよりにしてるわよ。純ちゃん何とかして」

純　「——!!」

東京からやって来た弁護士の本多（宮本信子）が、純と螢に話しかける。母・令子か

らの手紙を、五郎が勝手に処分していたというのだ。驚く子どもたち。

家・一階

五郎　**「純君」**

純　「────」

五郎　**「父さんかくしていたけど────」**

純　「────」

五郎　**「本当は前にも三通ほど来てたんです」**

純──張りつく。

五郎　**「父さんが勝手に────処分しました」**

純。

雪子。

草太。

螢────一人で食べている。

五郎　**「焼きました。父さんの独断でです」**

雪子。
純。

五郎 **「今日君、中畑のすみえちゃんとこに、こっそりききに行ったそうですけど、中畑のおじさんたちはぐるじゃありません。ちゃんと父さんに渡してたンです」**

(中略)

純 「――」
純。
――二階にかけあがる。
五郎、梯子の下へ行き立つ。

五郎 **「(二階へ) 純君、父さんはけちな人間です。――君たちを――父さんから離したくなくて――母さんの手紙をやぶいて焼きました」**

純 「――」
間。

五郎 **「軽べつしていいです」**

翌日、ホテルで本多弁護士と会った純。ところが、父のことを非難する本多の言葉に怒りが湧き上がる。母につながった電話にも出ず、部屋を飛び出してしまう。

北の国から 第5回

富良野の生活にすっかり慣れてきた螢。一方、純は「火をつける」といった単純作業もうまく出来ないままだった。ある日、偏屈なことで知られる老人、笠松杵次（大友柳太朗）のことが話題になる。かつては五郎の亡くなった父と共に開墾に励んできた男だ。

家・一階

雪子「だれなの？　さっきの——笠松さんて」
五郎「ああ。いや——ここの——古くからいる人さ。むかしおやじの親友だった人でね」
純「ア知ってら！　正吉君のじいちゃんだ」
螢「アア知ってる」
純「ヘナマズルクて有名なンだ」
雪子「なアに純ちゃんヘナマズルイって」
螢「ア知ってる」
純「ズルイってことばあるでしょう？　ウンとズルイのがナマズルイ。もっとズルイ

雪子　のがヘナマズルイ」

純　「(笑って) そんなにその人ヘナマズルイの?」

五郎　**「もう有名。みんなそういってる。かかわったらえらい目にあわされるって」**

純　**「純君、君は会ったンですか」**

五郎　「会ってはいません。だけど草太兄ちゃんもつららさんも」

純　**「会ってもいない人のことがどうしてわかるンです」**

五郎　「だけど中畑のすみえちゃんも」

純　**「人がどういおうと、しり馬にのって他人の悪口をいうもンじゃありません」**

五郎　「しかし」

純　**「君はつべこべしゃべってる前にやることがいっぱいあるンじゃないですか? 螢がちゃんとできるようになったのに、君は火一つつけられないじゃないですか」**

五郎　「——」

純　**「自分がちゃんといっちょ前になって。——人の批評はそれからにしなさい」**

五郎は突然、杵次から黒板家が住んでいる土地は自分のものだと言われ、困惑する。
五郎の父から、借金のカタとしてもらったというのだ。解決策が見つからないまま帰宅する五郎。

家・一階

暴れまわっている純と螢。
ガラッと戸が開いて五郎が立つ。手にしたガンビ（＊注＝白樺の木やその皮。焚き付け用）の束。

一同「お帰んなさい！」

五郎「（鋭く）純君！　ガンビが片づけてないですよ！」

純。

五郎「君にはまだ物のありがたさってことがぜんぜんわかってないみたいですね！　これだけのガンビは君にとっては一晩で燃しちまう量かもしらんが、ふつうの人はこ

れだけあれば一週間はじゅうぶんもたせます。それを」

雪子「ごめんなさい。私」

五郎。

雪子「犯人は私」

雪子。

——五郎の手から、ガンビをとって片づけに去る。

五郎。

——いかりのやり場がなくなる。

乱暴にあがって服をぬぐ。

純。

——ゆっくりと二階へあがる。

北の国から 第6回

清吉の息子、草太（岩城滉一）は都会から来た雪子に夢中だ。草太の恋人、つらら（熊谷美由紀）は雪子に富良野にいて欲しくないと訴える。五郎は清吉に呼び出され、雪子のことで注意を受けた。家に戻った五郎に向って、雪子が一度東京に帰ってきたいと言い出す。

家・一階

五郎「草太が君に――ほれてるらしい」
雪子「――」
五郎「あいつは前から都会に出たがってる」
雪子「――」
五郎「何とかこれまで必死に引き止めて――牧場をつぐ気にやっとさせたとこだ」
雪子「――」
五郎「だからやつの場合どうしてもこっちで――嫁にくる者をさがさにゃならん」
雪子「――」

五郎　**「あいつとつき合うにはその覚悟がいる」**
雪子　「お義兄さん」
五郎　「――」
雪子　「その話私いま――」
五郎　「――」
雪子　「話したくないわ」
　　　五郎。
　　　音楽――いつか消えている。
雪子　「でも――」
五郎　「――」
雪子　「お義兄さんのいってる意味わかる」
五郎　「――」
雪子　「それも東京で――」
五郎　「――」
雪子　「考えてこさせて」

五郎。

五郎　「ああ」

北の国から　第7回

五郎が山仕事に出るようになった。純と螢は下校後、中畑和夫（地井武男）の家で五郎の帰りを待つ。中畑家には電話があり、純は母の声が聞きたくて無断でかける。螢もまた学校の電話を使ってしまった。

雪

しんしんと降っている。
表をヒョーと過ぎる風の音。

螢「（ポツリ）父さん」
五郎「あ？」
螢「螢――あやまることがある」
五郎「――（見る）何だ」
螢。
螢「螢――母さんにないしょで電話した」

ギクッと見る純。

五郎。

螢　「学校の電話で、こっそりかけた」

五郎　「――」

螢　「ゴメンナサイ」

純。

――ギュッと目を閉じる。

間。

五郎　「**そうか**」

螢　「――」

五郎　「**母さん――何ていってた**」

螢　「元気でやってるかって」

間。

五郎　「**何て答えた**」

螢　「元気でやってるって」

五郎。
間。

五郎「そうか」

純のインサート。

五郎「よかったな」

螢「――」

五郎「母さんきっと――よろこんでたろう」

純。

風がヒョウと過ぎ、廃屋をゆする。

語り「ぼくも一瞬、白状しかけた。だけど――。タイミングを外してしまった」

讃美歌「荒野の果てに」。子どもたちの合唱で低くしのびこむ。

北の国から 第8回

水を沢からパイプで家まで引こうと必死の五郎。

森

語り「父さんはパイプの凍結箇所を、どうしても今日中に見つけたいらしく」

　雪を掘り、パイプのつぎ目の箇所をひとり黙々と点検する五郎。

　ふと顔あげる。

　――ゆうべのなぐり合いのあとのあざ。

　立っている杵次。

杵次「何をしてる」

五郎「イヤ。沢からパイプで水引いたンだけど、――どっかしばれて、つまったらしくて」

（中略）

杵次　「水なら知合いが水道課にいる。引くならオラからたのんでやる」

五郎　「**いや、そら、ありがたい話ですけど。――まァこれが通れば、――ナンですから**」

間。

杵次　「お前ンちは電気もないそうだな」

五郎　「**ハイ。まァ**」

杵次　「子どもがテレビを見たがってる。明日は大晦日だ。家へよこせ」

五郎　「**そりゃどうも。したけど。――子どもと相談してみます**」

杵次　「――」

間。

杵次　「五郎」

五郎　「**ハイ**」

間。

杵次　「人の好意は――ありがたく受けるもンだ」

五郎　「**――。ハイ**」

杵次　「――」

杵次、去る。

五郎。

――また、黙々と働きだす。

富良野で初めて迎えた大晦日の夜。五郎は純と螢を富良野の街の灯りが見える丘の上に連れていく。

街の灯（眼下に）

キラキラとまたたく。

丘

五郎「君たちは本当によくがんばった」

二人「――」

五郎「父さん、――君たちに感謝している」

二人「——」
五郎「**今年一年の君たちのことを——父さん、一生忘れないだろう**」
二人「——」

丘の上

三人のシルエット。

五郎「父さんこれまでお前に対して、ていねいな言葉でいつもしゃべってきた」
純「——」
五郎「そうするつもりはなかったが——いつからかそういう習慣ができちまった」
純「——」
五郎「でももうやめる」
純「——」
五郎「いまからやめる」
純「——」
五郎「だからお前も——。いっしょにやめろ」

間。

純　「ハイ」

五郎　「ウン」

北の国から　第9回

草太の恋人、つららが五郎を訪ねてきた。いっしょになるはずだった草太だが、雪子が東京から戻った途端、また様子がおかしいと言う。

家・一階

つらら「私さァ」
五郎「――」
つらら「いい女でいたいンですよね」
五郎「――」
つらら「したけど自分が何だかだんだん――いやな女になってくるみたいで」
五郎「――」
つらら「わかるンですよね、自分でそれが」
五郎。

――茶をいれる。

つらら「どうなってンですか、草ちゃんと雪子さん」

五郎「――」

つらら「教えてくれません？　本当のところ」

五郎「――」

つらら「何いわれてもだいじょうぶだから私」

五郎「――」

間。

五郎「(ちょっと笑う) わかンないよオレには、そういうことは」

つらら「――」

五郎「お茶」

つらら「どうも」

間。

五郎「にが手なンだそういう――。そういう話、オレ」

つらら「――」

つらら、五郎を見る。
一瞬目があい、目を落とす五郎。
――ちょっと笑って。
五郎「たくあん、食わない？」
つらら「――」
茶をすする二人。
間。
つらら、ちょっと笑う。
つらら「おじさん、いい人ね」
五郎「？」
つらら「顔に答えが出ちゃってる」

東京から令子がやって来た。子どもたちに会うためだ。久しぶりで向き合う、五郎と令子。

家・一階

ストーブの脇にいる五郎と令子。

五郎　**「これまで——三か月——すこしずつできてきた——オレたちのここでの——暮らし方がな」**

令子　「——」

五郎　**「とくに純には——正直手をやいた」**

令子　「——」

五郎　**「なんど返そうと思ったかわからない」**

令子　「——」

五郎　**「それでもあいつは、すこしずつ変ってきた」**

令子　「——」

五郎　**「イヤ——変りかけているというべきなのかな」**

令子　「——」

五郎　**「あいつはいま強く——なろうとしかけてる」**

（中略）

五郎　「こういうふうに考えてくれないか」

令子　「――」

五郎　「君とオレがたとえどうなっても――子どもは子どもだ。二人の子どもだ。取りあげようなンてオレは思わない」

令子　「――」

五郎　「いずれ、あいつらがおとなになったら――イヤ――二年でもいい、一年でもいい――時期がきたらあいつらに――自分の道は自分でえらばせたい。ただ――」

令子　「――」

五郎　「その前にオレは、あいつらにきちんと――こういう暮らし方も体験させたい」

令子　「――」

五郎　「**東京とちがうここの暮らしをだ**」

家の灯

夜。

家・一階

雪子と五郎。

雪子「姉さん子どもたちに会いに来たの?」

五郎「——ああ」

雪子。

雪子「帰ったの?」

五郎「(首ふる)どっかにとまってる」

雪子「——会わすの?」

五郎「——ことわった」

雪子。

五郎「そのかわり明日、——中畑がつれてくる。遠くから見せてやる。あいつらを」

雪子。

ストーブにごうごう燃えている火。

五郎。
間。

五郎「雪ちゃん」

雪子「──」

五郎「オレは──」

雪子「──」

五郎「残酷な男かな」

純と螢が五郎を手伝って働く姿を遠くから見た令子は、約束通り子どもたちに会わないまま帰京する。

北の国から　第10回

杵次の娘で正吉（中沢佳仁）の母、みどり（林美智子）が現れた。

中畑木材・土曜（倉庫）

煙草に火をつける五郎とみどり。そばにしょぼんといる正吉。

五郎「**帰るンかい**」

みどり「お店そうそう休めないしね」

五郎「**ウン**」

みどり「こんど来たらよってよ、旭川。――サブロク街のポニーって飲屋」

五郎「**（うなずき、正吉の頭なでる）さびしくなるな。家遊びに来い**」

正吉、逃げるように木材のほうへ。

見送る二人。

みどり「また父ちゃんとやっちゃってね」

五郎「**――（見る）**」

みどり「来ると必ず帰るときけんか」
五郎「——**原因は何だい**」
みどり「馬（ちょっと笑う）」
五郎「**馬？**」
みどり「（うなずく）もう売ればっていったのよ。何の役にも立ってないンだし。かいば料だけで結構かかるし」
五郎「——」
みどり「飼っても死ぬの待つばかりなンだから」
間。
五郎「**何年いたの**」
みどり「十八年かな。もう大オジン」
五郎「——」
みどり「じいちゃんの気持ちもわかるンだけどね。家族同様の馬なンだから」
五郎「——」
（中略）

みどり「でもね」
五郎「――」
みどり「旭川でお客におしりなんかさわらして――送金した金が、かいば料にとんでると思うとね」
五郎「――」
みどり――、ちょっと笑う。

バス停

バスが去っていく。
ポツンと残された正吉と五郎。
五郎、ちょっと正吉の頭をなでる。

ないしょで風力発電のバッテリーを手に入れ、五郎に喜んでもらおうとする純と雪子。ところが、二人の乗った車が吹雪の路上で吹きだまりに突っ込み、遭難してしまう。救ってくれたのは杵次と馬だった。

北の国から 第11回

五郎は、純と雪子を救ってくれた杵次にお礼を言うために、笠松家を訪れる。

笠松家

五郎 **「とってください。笑わないで」**

酒とのし袋を杵次のほうへ押す。

杵次、じろっとのし袋を見る。

杵次 「酒ァわかるが。――そっちのは何だ」

五郎 **「イヤもうほんの――とっつあんの馬に――えらい世話ンなったから」**

杵次 「――」

五郎 **「かいば料です」**

杵次 「金か」

五郎　**「金ったってようオレ――。もともとないスから」**

間。

杵次　「いくらはいってる」

間。

五郎　**「ハイ。アノ――一万です」**

杵次　「一万？」

五郎　**「――（うなずく）」**

間。

杵次　「ずい分安いンだな、お前の家族は」

五郎　**「――」**

杵次　「二人の命が合わせて一万か」

間。

五郎　**「イヤアノかえって」**

杵次　「金はいらねえ。持って帰れ！」

五郎　**「ハ。イヤ」**

杵次「――」

五郎「とっつあん、気分悪くしないでください。ただオラア、――オラの――、何ちゅうか気持ちを」

杵次「金を包むなら十万は入れてこい」

五郎「――」

間。

杵次「オラァ二人の命を救ったンだ」

五郎「――」

雪子に夢中で、恋人のつららのことが眼中にない草太。悲嘆したつららは家出してしまう。また父と雪子の関係を疑った正吉と喧嘩する純。そして螢は餌付けしたキツネと再会する。

家・裏

はるかにケーン!!　とキツネの声。

純　「(低く)何あれ」

五郎　五郎。

純　「何をひきずってンの?」

五郎　「(口の中で)トラばさみだ」

純　(ギクッと見る)

五郎　「左足にワナを——ひきずってる」

純。

螢　「(叫ぶ)イヤダーッ!!」

螢、雪原を泣きながら走りだす。

螢　「ルールルルルル! ルールルルルルル!!」

森の中で遠くケーン! とまた声。

純の顔。

語り　「雪の上に重いかたまりを、ずるずるとひきずった足あとがあった」

音楽——テーマ曲、イン。B・G。

語り　「それは、いつもの螢のキツネの、いかにも軽そうな、一直線の足あととはちがい、雪の上を苦しげにじぐざぐとゆがんで、森の奥へと消えて行っていた」

雪

吹いている。

語り「その晩おそくまた雪になった。父さんは明日夜が明けたら山へ、キツネの足あとを追ってみるといったが、その足あとも消えるだろうと思った」

北の国から 第12回

3学期が始まった。教室では純と螢が野生のキツネに餌を与えることの是非をめぐって正吉と言い争いになる。

家の前

ふん然と帰ってくる純と螢。

純　「おかしいよ！　あの先生おかしいよ！」

五郎　「**(炉で大鍋をかけつつ) 何がおかしいんだい**」

螢　「キツネにえづけしちゃいけないって」

五郎　「**どうして**」

純　「要するにあれはひいきですよ。正吉の家からお歳暮に何かもらったンですよ」

螢　「(鍋の中を見て) 何これ」

五郎　「**(笑う) 牛乳**」

螢　「牛乳？」
純　「だって赤いじゃん！」
五郎　**「ああ、食紅をまぜられたンだ」**
純　「どうして！」
五郎　**「市場に出して売れないようにさ」**
螢　「なあぜ？」
五郎　**「ウンそれは――ちょっと説明がむずかしいな」**
螢　「どうするのこれ」
五郎　**「バターをつくるンだよ」**
二人　「バター!?」
五郎　**「そうだよ。赤いバターだ」**
純　「変だよ！　バターは黄色くなくちゃ」
五郎　**「そんなことないよ。赤くたってバターさ」**
純　「変だよ」
螢　「どうやってバターをつくるの？」

五郎　**「これから教えるよ。中へおはいり」**

純　「(中へ行きつつ) あいつぜったいひいきしたンだ。正吉のじいさんに何かもらって」

笠松家

正吉。

土間に立っている。

カメラ、ゆっくりとまわりこみ、正吉の前の壁にさげられた数個の鉄のトラばさみをとらえる。

──そっとそのトラばさみにふれる。

音楽──鈍い衝撃ではいる。B・G。

北の国から 第13回

母・令子が入院したという知らせがあり、純と雪子は上京する。病状は芳しくない。雪子は治療に疑問を持つが、令子は転院を拒む。純は以前の同級生たちに会うが話題についていけないことに落胆する。そんな純に、令子の恋人・吉野（伊丹十三）は「東京で母と暮らせ」と言う。一方、富良野では中畑和夫と五郎が……。

草原（家の前）

歩いてくる螢。
草むらの中を家の前に来る。
急にスキップし、家へはいりかける。
その足がとまる。
中からきこえてくる五郎と和夫の対話。

和夫の声「じゃあもし純坊がそのまま東京に、居残る気起こしたらどうするンだ」

家の中

五郎。そして和夫。

間。

和夫「おふくろさんに会って、しかも病気で。——とうぜんいて欲しいって懇願するンじゃないか?」

五郎。

和夫「そンとき純坊につっぱね切れるか?」

五郎「——」

和夫「雪子ちゃんがいくらついてたからって、かんじんの純坊がその気になったら」

五郎「——」

和夫「そういう可能性はじゅうぶんあるぞ」

五郎「——」

和夫「もともとあの子は東京にいたいンだ」

五郎。

間。

薪をとって煙草に火をつける。

ちょっと笑う。

五郎　**「そのときは中ちゃん――。しかたないよそれは」**

和夫　「――」

五郎　**「そりゃあ――そのときは」**

和夫　「――」

五郎　**「（笑う）反対できないよ」**

表

螢。

音楽――もりあがって以下につづく。

間。

螢、そォっと裏へまわる。

水場

螢来て、流れる水を見つめる。

手にしていた花を水にひたしてみる。
手をはなす。
パッと流れ去る花。
螢。
音楽――もりあがる。

北の国から　第14回

令子の入院は続いている。このまま東京にいようかと考える純。ふと、東京で暮らしていた頃に五郎が起こした騒動を思い出す。拾ってきた自転車を修理して使おうとして、巡査に自転車泥棒だと思われたのだ。そこには五郎の「モノと人の関係」をめぐる思いがあった。

家・玄関

巡査、立ちあがり表へ出て自転車をつかむ。
外に立っている純と螢。と。

五郎　**「(とつぜん)お巡りさん」**
巡査　「ハ?」
五郎　**「(興奮をけん命におさえる)オ、オレには――アレスヨ――、よく、わからんすよ」**
巡査　「何が?」
(中略)
五郎　**「だって――この、自転車は今は――こうやってきれいにしたけど――、見つけた**

ときは――あすこのゴミの山に、雨ざらしになってもうサビついて」

令子「ちょっとあなた！」

五郎「あのゴミの山はその大沢さんの家のちょうどすぐ前にあるゴミの山だし、この自転車はそこにもうずっと一か月近くほうってあったわけで」

（中略）

令子「ちょっとあなた待ってよ！」

五郎「（興奮）おれは毎日それを見ていたスよ！　オレが見てるンだから大沢さんだって毎日それを見てたはずだし、あすこは古いタタミとかテレビとか大きなゴミをためとく場所で、だから今さらあれは捨てたンじゃないあすこに置いてあったンだっていったって」

令子「（巡査に）すみません。（五郎に）ちょっと！　もういいじゃない」

（中略）

五郎「しかし――最近、東京では何でも――古くなると簡単に捨ててしまうから」

令子「（絶望）ねえ」

五郎　**「じゅうぶん使えるのに新しいものが出ると――、流行におくれると捨ててしまうから」**

令子　「やめて!!　お願い!!　本当にもうやめて!!」

純、螢。

語り　「母さんが必死にその後あやまって、その事件は何とかそれでおさまった」

その後、結局、富良野に戻って来た純。螢や正吉と3人でUFOを見てしまう。

北の国から 第15回

分校の涼子先生を誹謗中傷する怪文書がばら撒かれた。東京で教えていた頃、生徒を自殺に追い込んだというのだ。また純は女性が気になって仕方ない自分を病気ではないかと思い詰めていた。

「くまげら」・内

間。

歌謡曲。

清吉「お前のほうの話って何なの」

五郎「イヤ。——たいしたことじゃないンだよ」

清吉「——」

五郎「純がさ——変な、——ビニール本てのか？　女のはだかの写真をかくしててさ」

清吉「——」

五郎「どうもそういうの、——どうしたらいいのか。——まったくはじめてでショック

受けたもンだから」

間。

清吉「いくつ」

五郎「純かい？」

清吉「――」

（中略）

間。

清吉「お前いくつだった。ホラあの矢沢の、若い嫁さんの風呂場のぞいて」

五郎「イヤもうアノだから。いいンだその話は。いいのいいのそれは。困ったねおたく」

五郎は決死の覚悟で「性教育」に挑もうとする。

家の光（夜）・中

五郎「（ポツリ）純君」

純「うン？」

間。

五郎「花に——オシベとメシベがあるでしょう」

純「ハイ」

間。

五郎「人間でいうと——、父さんがオシベです」

純「ハイ」

間。

五郎「それでメシベはだれですか？」

純「——母さん」

五郎「母さん。そう。そうですね。母さんがメシベ」

純「——」

螢——父をキョトンと見ている。

五郎「アレはひっつくと実ができるンです」

純「ひっつくって？」

五郎「つまり——、ひっつくっていうとコノ、ことばがわるいが——コノ、両方の花粉がとんで」

純「——」

五郎「実ってのはつまり子ども。すなわちうちの場合君たちのことでして」

間。

純「それがどうしたの?」

五郎「ウン」

間。

五郎「いやそれだけです」

二人「——」

五郎「もうねましょうか」

北の国から　第16回

正吉の祖父・杵次が、酒に酔って橋から川に転落死してしまった。長年苦労を共にした愛馬を売った翌日に見つかったのだ。葬儀から帰った夜、五郎は純が隠し持っていたヌード写真の載った雑誌をストーブの火で焼く。

家・二階

純「はずかしくって父さんにもずっと、いわないでかくして来たンだけれど」
五郎「――」
純「つまり――いけないいけないと思っても、――女の人が気になるわけで」
五郎「――」
純「女の人の胸とか足とか――、お尻とかつまりそういうとこに――どうしても目がコノいってしまい」
五郎「――」
純「気にすればするほど止《や》まらないので――。これは明らかにどっか病気です」

五郎。
音楽――軽快に低くしのびこむ。B・G。

五郎　「**純**」

純　「ハイ」

五郎　「**それは病気じゃないよ**」

純　「――」

五郎　「**大人になったらだれでもそうなる**」

純　「――」

五郎　「**それはお前が大人になった証拠だ**」

純　「イヤでもそれが」

五郎　「**何**」

純　「ぼくの場合、とってもはずかしいンだけど――（小声）その度にオチンチンがでかくなり」

五郎　「**だれだって大人はでかくなる**」

純。

間。

純　「でもぼくの場合症状が重くて、朝起きるともうそうなっていて」

五郎　**「大人の男はみんなそうだ」**

純。

長い間。

純　「本当？」

五郎　**「本当だよ」**

間。

純　「父さんも？」

五郎　**「もちろんさ」**

純　「――」

五郎　**「まァ――（ブッブッ）最近はコノ、アンマリアレですけど」**

純　「――」

五郎　**「そんなこと何もはずかしいことじゃない。自然現象だ。威張ってりゃいい」**

生前の杵次に、馬を売れと言ったことを、娘のみどりは悔やんでいた。そんなみどりと酒を飲む五郎。

家・内

みどり――酒をつぐ。

みどり「幼な馴染ってありがたいね」

五郎「――」

間。

みどり「故郷って結局――。それなンだろうね」

五郎「(笑う) 何いってンだい。こっちがありがたいっていってるンだ」

みどり「――」

間。

みどり「中島みゆきの〝異国〟って歌知ってる?」

五郎「いや」

みどり「何ともたまンない歌なンだよね」

五郎「――」

みどり。

みどり「忘れたふりを装いながらも、靴をぬぐ場所があけてあるふるさと――ってさ」

五郎「――」

みどり「中島みゆきっていくつなンだろ」

五郎「――」

酒飲む二人。

数日後、正吉は純や螢に行き先も告げずに学校をやめていた。

北の国から　第17回

雪子が、退院した令子と一緒に富良野に帰って来た。令子の目的は五郎との正式な離婚手続きだった。令子は久しぶりで子どもたちとの時間を過ごすが、螢は終始冷たい態度を崩さない。急に令子の体調が悪くなり緊急入院した。病室には弁護士の本多もいる。

病室

五郎、はいる。
立ちあがる本多。
ベッドの上で、目を開けた令子。五郎を認めて気弱に笑った。

令子「ゴメン」
五郎「だいじょうぶか」
令子「もうおさまった」
五郎「びっくりしたぞ」
令子「ゴメンナサイ」

五郎「**バカだな。ちゃんと――。診てもらえよもいちど**」
令子「(ちょっと笑う)バチね」
五郎「**しばらくこっちで休んでったらいい**」
令子「だいじょうぶ。明日はもうよくなる」
五郎「**――**」
令子「ねえ」
五郎「**?**」
令子「明日――おまいりにつれてってほしいンだけどな。あなたのお父さまやお母さまのお墓」
五郎「**何いってンだ**」
令子「まじめな話」
五郎「**いいよ。本当に治ったらな**」
令子「お願い」
五郎「**とにかく今日はこのまま黙って眠《ね》ろ。付き添ってるから。(本多に)すみません。あとは。私が**」

五郎の両親の墓の前で手を合わす令子たち。雪子と純は、しばらくの間、五郎と令子の二人だけにする。

墓地

五郎「螢は急に熱出しちまって」
令子「――――」
五郎「出ちゃいけないってオレがいったンだ」
令子「――わかってる」
五郎「――うン」
間。
五郎「君も――」
令子「――――」
五郎「アレだ、コノ、体のことだけは――くれぐれもいいかげんに考えるな」

令子「――」
五郎「診てもらってくれ、ちゃんと。大きな所で」
令子「――（ちょっとうなずく）」
五郎「本当だよ」
令子「――（ちょっとうなずく）」
五郎「帰ったらすぐにだ。いいな」
令子「――（うなずく）」
短い間。
五郎「アレだ、オレたちがどうなろうと君は、――あいつらにとっては母親なンだ」
令子「――」
五郎「あいつらのために、それだけは約束しろ」
令子「――」
五郎「体に関しては、義理なンか忘れろ」
令子。

令子「わかった」
五郎。
間。
令子「(ちょっと笑う) バチね」
五郎「――」
令子「バチがあたったのね」
五郎「――」

東京へ帰る令子。駅のホームで見送る五郎と純。そこに螢はいない。走り出す列車。ふと窓外に目をやった令子が、川の土手を走る螢に気づく。必死で手をふる令子。けん命に走り続ける螢。その目には涙があふれていた。

風呂場・焚口

五郎「**お前まだあいつのことおこってるのか**」

純。——乱暴に火をくべる。

五郎。

五郎「けどな」

純「——」

五郎「人はそれぞれ悲しいときに——、悲しさを表す表し方がちがう」

純「——」

五郎「人前で平気で泣けるものもいれば——、涙を見せたくない、そういうものもいる」

純「——」

五郎。

五郎「螢にとって母さんと別れるのが、つらくないことだとお前思うか」

純「——」

五郎「何もいわないでも、もしかしたら螢はお前や父さんよりもっとつらくて——。だから送りに行かなかったのかも知れんぞ」

純「——」

五郎　**「そうだろ？」**

純。

五郎　**「ちがうか」**

純。

それから数日後、分校で廃校式が行われた。五郎や中畑も出席したが、それは生徒の父兄としてではなく、分校の卒業生として招かれたからだった。

北の国から　第18回

分校の廃校式も終わり、夏休みに入った。涼子先生は自分が富良野ではなく道内のどこかへ転任することになると覚悟している。五郎と和夫も涼子先生をめぐって……。

豚舎

働いている五郎と和夫。

和夫「きいたか」

五郎「何を」

和夫「涼子先生のこと」

五郎「どうしたの」

和夫「イヤ本校への転属問題だ」

五郎「子どもたちといっしょに移るンでないのか」

和夫「いやそれが今いろいろ問題になってるらしい」

五郎　**「どうして」**

和夫　「よく知らんが先生のやり方に、いろいろ批判があるらしい」

五郎　**「やり方って」**

和夫　「たとえばホレ試験のときあの先生だら、みんなに一律百点やるだろう」

五郎　**「ああ」**

和夫　「あのことも問題になっとるらしいし、それに、休みの日に子どもたち誘って、山菜とり行ったり川へ行ったり、――そういうこともなンやかやあるらしい」

五郎　**「何やかやって何よ」**

和夫　「つまりよ、今は学校の先生が、学校に出ている時間以外に、必要以上に生徒といるのはかんばしくないっちゅう考えがあるンだと」

五郎　**「どういうことだそりゃ」**

和夫　「おれにもよくわからん。したけどそういう方針があるンだと」

五郎　**「バカバカしい！　先生が生徒と親しくしていったいい何がわるいのよ」**

和夫　「わからん」

（中略）

五郎「したけど中ちゃん、あの先生はオラ好きだど」

和夫「――」

五郎「あの先生がいてくれたおかげで、純や螢はどんなに助かったか」

和夫「――ああ」

地元の一大イベント、空知川のいかだくだりが行われ、純と螢も参加した。しかもその日、純は川を下る最中に、つららの姿を見かける。後から皆で捜したが見つかることはなかった。五郎と雪子は喫茶店で草太と向き合う。

喫茶店「エル・パテオ」

五郎「つららちゃんのことは雪ちゃんの責任か」

草太「――」

五郎「お前じゃなくて、わるいのは雪ちゃんか？」

草太「――」

五郎「ずい分勝手な言いぐさだな」

ウエイトレス「お待たせしました」
飲物が来る。
それぞれの前にそれぞれの物を置き、そうして去っていくウエイトレス。
五郎「**もともとお前が男として無責任に**」
草太「わかってるよおじさん」
五郎「――」
草太「いわないでくれよ、もう」
五郎「――」
間。
草太「煙草くれ」
草太、五郎の煙草から一本とってくわえ、火をつける。
間。
草太 ――けん命にことばをさがして。
草太「釣りあるべ釣り」
五郎「**釣り？**」

草太　「釣りしたことあるべ」

五郎　「**釣りがどうしたンだ**」

草太　「糸がからまるべ。からまったことあるべ。こんがらがってこうクチャクチャになってどうにも解けねえ、そういうことあるべ」

五郎　「**それがどうしたンだ**」

草太　「オラの頭が今その状態だ」

五郎　「――」

草太　「カラッポのとこに、こんがらがって解けん」

五郎　「――」

草太　「どうしていいか、自分でわからん」

北の国から　第19回

涼子先生と一緒にＵＦＯを見に行った螢が夜になっても戻らず、騒動になった。２人は無事発見されたが、純が事の顛末を新聞記者に洩らしてしまい、螢は取材を受けることになる。

家・表

雪子「新聞にのってるの？　あの晩のこと」

五郎「さァ」

雪子「義兄さん、純ひどく気にしちゃってるわ」

五郎「――」

雪子「もうこれ以上おこらないでやって」

間。

五郎「**そのことでくさってるわけじゃないンだ**」

雪子「？」

五郎「――」
五郎、ポケットから一通の封書を出し、雪子に渡す。
五郎「(ちょっと笑い)見てみろよ雪ちゃん。それ一枚で全部終わりだ」
雪子「――」
雪子、封筒の裏を見、中から紙を出す。
離婚届の受理通知書がはいっている。
雪子。
五郎「簡単なもンだな」
雪子「――」
間。
五郎「これで雪ちゃんとも、――他人になっちゃったよ(ちょっと笑う)」
雪子。
五郎「ちょっとオレ町まで飲みに行ってくるわ」
雪子。
しのびこんでくる歌謡曲。

五郎はスナック「駒草」のホステス、こごみ（児島美ゆき）と親しくなる。彼女が東京にいたことが距離を縮めたのだ。

「駒草」

五郎　「変なことききけど、あんた東京にはじめて出たとき——スパゲッティ・バジリコってどういうもンか知ってたか？」

こごみ「スパゲッティ・バジリコ？」

五郎　「ああ」

こごみ「どうかな。知ってたかな。知らなかったンじゃないかな」

五郎　「オレそんなもンきいたこともなかったよ」

間。

こごみ「スパゲッティ・バジリコがどうしたの？」

間。

五郎「つくってくれたんだ」

間。

こごみ「彼女の家で?」

五郎「アパートで。うン」

間。

こごみ「おいしかった」

五郎「おいしいっていうより――感動しちゃってさ」

こごみ「――」

五郎「スパゲッティ・バジリコなンて。――もうその名前に感動した」

間。

こごみ「わかる私」

五郎「わかる?」

こごみ「うン、私わかる」

間。

五郎「東京で、女にオレ――。スパゲッティ・バジリコ!」

こごみ「――」

アパート

裏町にポツンとともっている窓の灯。

こごみの部屋

流しに入れられている汚れた皿。

こびりついているスパゲッティ。

五郎の声　**「ずいぶん本があるンだな」**

こごみの声　「本読むの趣味なの」

灰皿の上の吸いさしの煙草。

五郎の声　**「カイコウ――ケンか」**

こごみの声　「トチ狂ってるのいま開高健に。開高健と高中正義」

つぼにいっぱいのドライフラワー。

五郎の声　**「高中正義って作家は知らねえな」**
こごみの声　「高中は音楽よ。すてきよ。きかす」
　プレヤー。
　こごみの手がふたを開け、ケースの中からレコードをえらぶ。
こごみの声　「あなたは本を読む？」
五郎の声　**「あんまり読まねえな」**
こごみの声　「一番最近どんな本読んだ？」
　レコード、プレヤーにかけられる。
　音楽――テーマ曲、消えている。
五郎の声　**「じゃりン子チエかな」**
　ふりかえったこごみの顔。
　あまりの感動に物もいえない。
こごみ「ゴロちゃん。好きよッ!!」
　とびつく。
　五郎、ひっくりかえる。

高中正義「虹伝説」イン。

北の国から　第20回

蛍がUFO騒動の取材を受けたテレビ番組が放送される。だがスタジオのコメンテーターたちは蛍の目撃証言に否定的だった。嘘つきのように扱われた蛍は傷つく。

家・一階

食べる一同。

五郎　「（食べながら）**蛍**。——**く**さるな。もう**忘れろ**」

蛍　「——」

五郎　「**君は自分がその目で見たことを見たとおりしゃべった。当り前の話だ**」

蛍——食べている。

五郎　「（食べつつ）**人が信じようと信じまいと君が見たものは信じればいい。父さんも信じる。雪子おばさんも信じる——純も信じるな？**」

純　（大きくうなずく）

五郎「ウン。それから中畑のおじさんやおばさんやすみえちゃんや中川の兄ちゃんやクマさんや、今日いたものはみんな信じてる。そういう人間が君にはいっぱいいる。だからそれでいい」
螢「――」
五郎「忘れろ、今日のことは。きれいに忘れろ」
螢「――（ちょっとうなずく）」

五郎は、子どもたちにごごみを受け入れてもらおうと、ピクニックを計画する。

河原

食事している四人。

五郎「知ってるかこれ。スパゲッティ・ボンゴレっていうんだぞ。ボンゴレ。ドュ・ユウ・ノウ？　アハハハハ」
二人「――（食ってる）」

五郎　**「スパゲッティてのは、イタリアの料理だ。な!?　スパゲッティ・イタリアーノ。アハハハハハハ。父さんむかし、マカロニのな、中抜いたもンがスパゲッティだと思ってた。マカロニとスパゲッティ。このちがいわかるか？　え？　純、わかるか？　螢、わかるか？」**

こごみ、純にスープをとってくれる。

純　「スミマセン」

こごみ「遠慮しないでうンと食べて」

純　「ハイ」

五郎　**「わるいな。螢。お前ももっと食え。ああそうだ、いうの忘れてたな。こごみさんはな、東京にいたンだ。東京の新大久保。ホラ、父さんのつとめてたガソリンスタンド。あのすぐそばに去年の秋まで」**

語り　「父さんはいつになくよくしゃべり笑った。それは、軽薄ということばがぴったりくるほどで、つまりそのことは父さんが明らかに、こごみさんという人のことを気にいっている証拠でもあり」

黙々と食う純。

語り「父さん。あんまり軽薄にならないでください。ぼくや螢にとって父さんは一応、尊敬できる父親なのであり」

五郎「何してるンだ」

純、顔あげる。

父を見、螢を見る。

螢。

——スパゲッティを一本ずつ指でつまんでは川に流している。

その後、純は森で涼子先生がUFOの中に吸い込まれていくのを見た。そして熱を出して5日間も寝込んでしまう。回復して分校に行くと、すでに涼子先生はどこかに転出していた。

北の国から　第21回

五郎は、すっかりこごみにのめり込んでいる。中畑はそんな五郎を外に連れ出した。中畑が語る、五郎の知らないこごみ。聞いている五郎は何も言えない。怒濤の「沈黙」が続く。

富良野の灯

眼下にひろがっている。

とまっている車

和夫「五郎、女ってあいつのことか」

五郎「――」

和夫「この前口にごしてた女ってあいつか」

五郎「――」

和夫「あいつだら、じつは――。オラもあったンだ」

五郎「――」

和夫「去年の暮から今年の二月にかけて――。いろいろあったンだ。たいへんだったンだ」

（中略）

五郎。

間。

変になまなましいため息をつく。

和夫「ありゃいい女だ。本当気だてのいい女だ。その点はオラが保証する。したけどよすぎるンだ。よすぎてちょっとうまくないンだ」

五郎「（かすれて）どう」

和夫「あわれな男の話をきくべ」

五郎「――」

和夫「そうするとなンかしてやりたくなるンだ」

五郎「――」

和夫「そんで。――まァ。――いわゆる。――してくれるンだ」

五郎「――」

和夫　「それもあの娘の場合――押しつけとかコノ、――恩きせがましくとかコノ、――そういうのとぜんぜん無関係になンちゅうか――ごくコノ自然に――そうなっちゃうンだ」

五郎　「――」

和夫　「それがあの娘の、まァ性格だ」

五郎。

――非常に大きなため息。

和夫　「おらだけじゃないンだ。ほかにもいるンだ」

五郎　「――」

和夫　「オラその一人は知ってるけどな」

五郎　「――」

間。

和夫　「富良野の本屋じゃ結構ここンとこ、開高健が売れてンでないかい？」

五郎　「――」

五郎、またまた、大きなため息。

和夫　「そういう女なンだ、こごみって女は」

五郎　「———」

五郎。

——新しい煙草をとり出してくわえる。

フト気がついて和夫にもすすめる。

和夫、ライターをすってやる。

ホッと大きく煙はく二人。

長い間。

五郎、和夫を見て複雑に笑う。

和夫。

また、間。

五郎　「**しかし**」

和夫　「え？」

間。

五郎　「**いや**」

和夫　「うン」

眼下にひろがっている富良野の街の灯。

五郎、また大きくため息をつく。

音楽——静かな旋律ではいる。B・G。

北の国から　第22回

草太が敗れたボクシングの試合から数か月後。五郎の丸太小屋の組み立て工事が進んでいる。その現場にこごみが現れると、純が強く反発した。夜、中畑が五郎を飲みに誘い、こごみとの付き合いを戒める。

イメージ

去って行ったこごみ。

飲屋

五郎。
その顔に、
低くしのびこむ高中正義「紅伝説」。
五郎。

和夫の声「(笑って)まァ飲めや」

ついでくれる。

五郎。

飲まずにじっとグラスを見ている。

五郎「中ちゃん、お前はまちがってるよ」

和夫「——何が」

五郎。

五郎「おれは子どもから尊敬されるような、理想の父親なンかじゃないよ。それに——」

和夫「——」

五郎「ただの遊びで女と付きあうほど——」

和夫「——」

五郎「器用でも——、それから——無責任でも——」

和夫「——」

五郎。

間。

急に立つ。

五郎　**「帰る（外へ）」**

和夫　「五郎！」

家・一階

五郎　**「純」**

純　「——ハイ」

五郎　**「父さんの誕生日をやってくれるそうだな」**

純　「あああ！　せっかく秘密にしといたのに」

五郎　**「こごみさんには、もう断わったか」**

純。

螢。

外からはいって来て立ちどまった雪子。

五郎　**「来ないでほしいと断わりに行ったか」**

純　「――イヤ。アノ」

五郎　「**純**」

純　「――ハイ」

五郎　「**来てほしくなければ断わればいい。父さん行って断わって来てやる。ただし**」

純　「――」

五郎　「**こごみさんが飲屋につとめてる人だからいやだという考えは父さん許さん**」

純　「――」

五郎　「**人にはそれぞれいろんな生き方がある。それぞれがそれぞれ一生けん命、生きるために必死に仕事をしている。人には上下の格なンてない。職業にも格なンてない。そういう考えは父さん許さん**」

五郎はこごみの店を訪れ、誕生日の集まりがなくなったことを伝えた。こごみは自分も都合が悪くて断わるつもりだったと言う。

「駒草」

こごみ「人の噂って──五郎さん信じる人?」

五郎「いや」

間。

こごみ「じゃあ過去は?」

五郎「──」

こごみ「過去にはこだわる?」

五郎「──」

こごみ「許せないタチ?」

五郎。

間。

ちょっと笑う。

五郎「いや、もうそういうのは卒業したな」

こごみ「──」

五郎「いや、してないかな」

こごみ「――」
五郎「どうかな。自分じゃ――。よくわかんないな」
こごみ「――」
演歌。
五郎「むかし――女房のあやまちを見ちゃって」
こごみ「――」
（中略）
五郎「何度も何度も手をついてあやまるのを、どうしてもオレ許すことできなくて」
こごみ「――」
五郎「子どもたちまでまきぞえにして」
こごみ「――」
演歌。
五郎「だけど最近ずっと思ってた」
こごみ「――」
五郎「人を許せないなンて傲慢だよな」

こごみ「――」

間。

五郎「おれらにそんな――権利なンてないよな」

（中略）

五郎「女房――男といっしょになったって――妹ンとこに今日手紙来たンだ」

こごみ。

――ゆっくり五郎を見る。

五郎、ちょっと笑う。

五郎「ホッとしてンだ」

こごみ「――」

間。

五郎「卑怯かなオレ」

その直後、2か月前に五郎と離婚した令子が、突然亡くなったと知らせが届く。

北の国から　第23回

令子の死を聞いて、純と螢は雪子と共に急遽上京した。一方、五郎が現れたのは葬儀当日の朝だった。しかも翌日には富良野に戻ると言う。夜、五郎は令子の部屋にいる螢を見かけた。

令子の部屋

螢　「父さんおぼえてる？」

五郎　「**――何**」

螢　「こわかった夜のこと」

五郎　「**こわかった夜のこと？**」

螢　「父さんが――急に早く帰って来て、母さんおどかそうって美容院に行った日」
五郎。

イメージ（フラッシュ）

情事の現場からふりむいた令子。

令子の部屋

五郎。

五郎　「螢はまだそんなことおぼえてたのか」

螢　「思い出そうと思ってただけ」

五郎　「なぜ思い出す」

螢　「――いやだったから」

五郎。

五郎　「どうしていやなこと思い出す」

螢　「いいことばかり思い出しちゃうから」

五郎　「――」

螢　「いいこと思い出すとつらくなるから」

五郎。

音楽――「愛のテーマ」低くイン。B・G。

五郎「**螢**」

螢「――」

五郎「**母さんもう死んじゃったンだ**」

螢「――」

五郎「**母さんのやなことは全部許してやれ**」

螢「――」

五郎「**むかしのことなンかもう忘れろ**」

螢。

――無言で色をぬりつづける。

螢「父さんは？」

五郎。

五郎「**父さんか**」

螢「――」

五郎「**父さんは――とっくに許してた**」

螢「――」

五郎　「ぎゃくに父さんが――」

螢　「――」

五郎　「許してほしかった」

深夜、ふと目を覚ました純が見たのは、母の遺骨を前に一人で泣いている父の姿だった。

北の国から 第24回

純は東京にいる間にかつての先生や友達に会った。だが以前のような彼らへの憧れも、気おくれも感じないことに気づく。北海道での1年が純を変えていたのだ。子どもたちが富良野に戻った夜、五郎は2人を最初に住んだ家に連れて行く。

廃屋（以前の家）・内

純、はいって立つ。
五郎も後に。

五郎「**捨てたら何だかなつかしいもンだな**」
純「――」
五郎「**ここで一年、がんばったンだもンな**」
純「――」
間。
五郎「**純**」

純　「――」

五郎　「まいってるか」

純。

――首をふる。

純　「（小さく）だいじょうぶです」

五郎　「そうか」

純　「――」

五郎　「強いな」

純　「――」

五郎　「父さんはまいってる」

純。

――父を見る。

すぐ目をそらす。

五郎　「男が弱音をな――」

純　「――」

五郎「はくもンじゃないがな」
純「――」
五郎「しかしな――」
純「――」
五郎「まいってる」
純「――」
五郎「いまだけだ」
純「――」
五郎「許せ」

純。

間。

五郎「つらいなァ」
純「――」
五郎「え？　純」
純「――」

五郎　「（かすれる）つらいなァ」

純。

間。

螢の声「（外から、低く）父さん！」

五郎　「――――」

螢の声「父さん!!」

五郎。

――とつぜん、明るさをつくって、

五郎　「どうしたンだ！」

螢の声「しッ。キツネが来てる！　それが――足が変!!

――ねえ！　三本しかない！　いつかトラばさみにやられたやつみたい！」

五郎　「ちょっと待て！　餌さがす！」

五郎、あわてて戸棚をさがす。

螢の声「そうみたい！　ぜったい!!　生きてたンだあのキツネ!!」

餌をつかんでとび出す五郎。

純。

ルル──ルルルルル。

螢の声「ル──ルルルルル」

北の国から'83冬

年末、東京での出稼ぎから帰ってきた五郎。家出して五郎の家にいる正吉を追って、母・みどりが富良野に現れた。

家の中

ストーブに薪がくべられる。

五郎とみどり。

五郎「(微笑) いったい何があったンだよ」

みどり「スミマセン。――ごめんね五郎ちゃん」

五郎「(笑って) うちならいいよ、――それよりどうしたの」

みどり「――いろいろあってね」

五郎「――」

みどり「思春期でしょう」

五郎「――」
みどり「私も一人で。――水商売だからさア」
五郎「――」
みどり「あるじゃないいろいろ。だからそういうの」
五郎「――」
みどり「私が結局いけないンだけどさ」
火のはぜる音。
五郎「**たいへんだな**」
みどり「バカなのよ」
みどり。
（中略）
五郎「**みどりちゃん**」
みどり「――ん？」
五郎。
五郎「**何か――困ったことあったらいってくれ**」

みどり「――」

五郎「なンもオレ――とくには――できンと思うけど――」

みどり。

間。

急に五郎に手を合わす。

みどり「罰当たりますへ(外へ)」

みどりは、正吉をしばらくの間、五郎に預かってもらうことにした。

突然、五郎がみどりの借金の連帯保証人になっていたことが判明する。700万円という大金の借用証。どうにもならない五郎。

駅・駐車場

止まっている車の中の五郎とみどり。

みどり「もうくにじゃない」
五郎「――」
みどり「私の帰る場所、なくなっちゃった」
五郎「みどりちゃん」
みどり「――」
五郎「冗談いうなよ」
みどり「――」
五郎「おたがいこんな小っちゃいころからずっと一緒にやってきたンじゃないか」
みどり「――」
五郎「土地がなくなろうと何しようと、大事なもンは消えるもンじゃないぜ」
みどり「――」
五郎「中ちゃんがみどりちゃんを怒鳴ったンだって――活《かっ》入れるつもりでやったンだと思うぜ」
みどり「――」

五郎　「当り前じゃないかそのくらいわかれよ」
みどり　「――」
五郎　「だいいちオレが怒ってないンだ」
みどり　「――」
五郎　「帰れないなンて、そんなこというなよ」
みどり　「――」
五郎　「くにはもうないなんて――淋しいこというなよ」
みどり　「――」
五郎　「くにはここだよ。――いつだってあるよ」

駅・ホーム

舞っている雪の中、汽車を待っている二人。

五郎　「俺もさ」
みどり　「――」

五郎　「まったく同じだったよ」
みどり　「――」
五郎　「以前。結婚して東京にいたころ。それから、去年の暮れ――出稼ぎに出てて、――」
みどり　「――」
五郎　「眠ると麓郷の夢ばかり見てた」
みどり　「――」
五郎　「麓郷に帰ってみんなと暮らすこと。それだけがハリだったよ。――それだけだったよ」
みどり　「――」
（中略）
五郎　「金のことなンてもう忘れろよ」
みどり　「――」
五郎　「帰れないなンてそんな、バカなことというなよ」
みどり　「――」

列車がホームに入ってくる。

沢田松吉（笠智衆）が、自分の土地を売って助けると言い出すが、それは老人の悲しい幻想に過ぎなかった。結局、救ってくれたのは中畑をはじめとする同じ集落に生きる人たちだ。

北の国から'84夏

夏、中畑の妹・ゆり子（立石涼子）が、息子の努（六浦誠）と共に富良野に来た。努に父・五郎を侮辱された純は、努が大事にしているパソコンの本を盗もうとする。五郎もゆり子もそんなことは知らなかった。

中畑木材・土場

ゆり子「（笑う）だけど亭主死んで一人になってから――時々フッと思うことあるもネ」
五郎「――」
ゆり子「男、欲しいなって」
五郎「――」
ゆり子「思うよ本当に」
五郎「――」
ゆり子「時々だけどさ」
　虫の音。

ゆり子「五郎ちゃん思わない？」

五郎「――」

ゆり子「思ったことない」

間。

五郎「**ないっていやア嘘になるな**」

五郎。

イメージ（フラッシュ）

こごみ。――踊っている。

土場

ゆり子「今は欲しくない」

間。

五郎「**やっぱ時々な**」

ゆり子「――」

五郎　**「時々——疲れて——まいったときなンかな」**

イメージ

こごみ。

ゆり子の声　「何もなかった」

土場

五郎　**「なにが」**

ゆり子　「そういうチャンス」

イメージ

こごみ。

土場

五郎。

五郎　**「（ちょっと笑う）どうかな」**

虫の声。

五郎の丸太小屋が全焼したのは84年3月のことだ。五郎と和夫が当時を回想する。

現場

月光の下に丸太小屋の焼跡。

まだところどころくすぶっている。

ポツンと立っている五郎と和夫。

間。

和夫　「だけどまア、子どもになんにもなくてよかった」

五郎　**「——ああ。——本当だ」**

間。

五郎。——懸命に笑ってみせる。

五郎　「一から出直しだ。ハハ――」
和夫　「――」
五郎　「また、やり直しだ」
和夫　「――」
間。
五郎。――胴巻きから、出稼ぎで稼いできた金袋をとり出す。
五郎　「とりあえずいろいろ――。これで頼むよ」
和夫　「――イヤ」
五郎　「村の連中へのお詫びとかいろいろ。――そういうことオレ、――とんとういから」
和夫。
和夫　「わかった。じゃあ一応預かっとくよ」
間。
五郎　「二年半か」
和夫　「――」
五郎　「(笑う)はかない丸太小屋だったな」

音楽——イン。B・G。

火事は純と正吉がストーブの近くに干した洗濯物が原因だが、その責任をかぶったのは正吉だった。

丸太小屋が焼けた後、一家は廃屋で暮らしている。かつて風力発電を工夫したり自力で水道を引いたような気力が見えない父・五郎に純が反発する。

ランプ

純「あの頃父さん何でもやったもン」

五郎「——」

純「信じられないくらい自分で何でも」
　五郎。

五郎「**今はやらないとそういいたいのか**」

純　「――別にそういうわけじゃないけど」
五郎　「――」
純　「だけどあの頃は」
五郎　「（鋭く）いつやれっていうンだ！」
純　「――」
　螢。
五郎　「朝の五時半から夜の七時すぎまで父さんは必死で働いている」
純　「――」
五郎　「**父さんは疲れてる。もうヘトヘトだ。それでも我慢して必死にやってる**」
純　「――」
五郎　「その父さんにこれ**以上**働けっていうのか」
　雪子。
　螢。正吉。
（中略）

五郎　**「丸太小屋は焼いた。何もかもなくした。父さんにあるのは借金だけだ。それを返すために必死に働いてる。ヘトヘトだ、実際もうヘトヘトだ。その父さんに今お前らは」**

雪子　「義兄さん――」

五郎　**「――」**

間。

純　「ゴメンナサイ」

正吉と母のみどりは列車で札幌へと帰っていった。見送った後、五郎たちはラーメン屋に入る。女店員（伊佐山ひろ子）は迫る閉店時間が気になって仕方がない。

ラーメン屋

純、箸を割る。

三人、ズルズルとラーメンを食べだす。

五郎　**「こっちに来て四年、父さんいつのまにか、来た当時みたいなパワーなくして――**
いつのまにか人に頼ろうとしていた」

純　「――」

五郎　**「お前にいわれてドキンとしたンだ」**

純　「――」

五郎　**「お前のいうとおりだ。父さんだらけてた」**

純　「――」

五郎　**「だらけて本当に」**

女　「すみませんもう店閉めますから」

五郎。

五郎　**「最初に来たときの気持ちを忘れて」**

女　「時間があるンだから」

五郎。

間。

五郎　**「いくら」**

女　「千五百円」

五郎、しわくちゃの金を出して払う。

螢　「お兄ちゃん早く食べれば？」

女　「毎度」

丼を下げようとする。

五郎　「（ギラリと見る）子どもがまだ食ってる途中でしょうが!!」

ギクンと手を止めた女。

純。

螢。

音楽――高中正義「虹伝説」イン。

北の国から'87初恋

中学3年生になった純は、農家の娘・大里れい（横山めぐみ）に一目惚れする。しかも、彼女と同じ東京の定時制高校へ行こうと勝手に決めてしまう。

赤提灯（小野田そば）

和夫「五郎」
五郎「ああ」
和夫「女房ともいろいろ話したンだ」
五郎「――」
和夫「純の場合ここらのふつうの子とちがって、小学校の途中まで東京で育ってる。あいつにしてみりゃ、昔東京で一緒に机を並べた連中に遅れたくないっていう焦りがあるだろう」
五郎「――」

和夫「それは何となくわかる気がするンだ」

五郎「――」

和夫「たしかに今のあいつの友だちは、ほとんどがここで農家をつぐ連中だ」

五郎「――」

和夫「あいつを将来どうさせる気か知らないけど、少なくともあいつの今の調子では」

五郎「**中ちゃんオレは反対ってわけじゃないよ**」

和夫「――」

五郎「**あいつがそうしたけりゃそうさしてやるよ**」

和夫「――」

五郎「**あいつを一人東京へ出すくらい**」

和夫「――」

五郎、コップの酒を飲む。

演歌。

五郎「**ただ――**」

和夫「――」

間。

五郎、フッと笑う。

五郎「そうか」

和夫「――」

五郎「まわりはみんな知ってたのか」

和夫「――」

演歌。

五郎「**オレだけ一人知らなかったわけか**」

和夫「――五郎」

五郎「(笑う) いやまアそんなことは――」

和夫「――」

五郎「いいンだけどさ」

和夫「――」

間。

和夫「五郎」

五郎「おばちゃんもう一杯お酒ちょうだい」

音楽——静かな旋律で入る。B・G。

帰ってきた五郎は、純に東京へ行くことを直接問いただす。その上で、「反対しない」とも言うのだが……。

家

五郎「オレは心のせまい男だから、お前のやり方にひっかかってる」

純「——」

五郎「どうしてオレに何の相談せず、ほかのみんなには相談するンだ」

螢。

五郎「なぜ父さんにだけ相談がない」

純「——いや」

五郎「オレはそんなに頼りにならんか」

純　「ちがいます」

五郎　「じゃあなぜまっ先にオレにいわない」

螢。

草太。

純　「いえませんでした」

五郎　「どうして」

純　「だって――父さんが――困ると思ったから」

五郎　「困る？――どうして」

純　「――」

（中略）

五郎　「それは金のことをいっているのか」

純　「いや――それだけじゃなく」

草太　「おじさん、いいべさ、まアその話は」

急に表に行こうとする純。

五郎、その純の腕をつかむ。

純　「（低く、冷静に）父さん落着いてよ。今夜はその話いいじゃない」

五郎　純、父の手を静かに放す。

五郎　「**（かすれる）無礼なことというな。オレは落着いてる**」

純　「──」

五郎　「**はっきりしよう。父さんはそんなに頼りないのか**」

（中略）

純　「（小さく）情けない」

五郎　「**何？**」

純　（行こうとする）

五郎　「**（つかむ）何が情けない**」

純、手をふりほどきギラッと父を見る。

純　「父さんがさ」

五郎　「**オレがどうしてなさけない！**」

草太　「おじさん」

純　「（叫ぶ）情けないじゃないか！　父さん近頃本当に情けないよ！　ボクがここから

出たいンだってそういう父さんを見たくないからさ！」

草太「純！」

五郎「ちょっと待て」

純「(涙があふれる) 父さん――。どうして――よろこんでくれないの？」

五郎「――」

純「一生懸命――ボクやったのに――。父さんに――。よろこんでもらえると思って

――風力発電――一生懸命」

五郎「話をすりかえるな」

純「すりかえてなんかいないよ」

五郎「すりかえてるじゃないか」

純「すりかえてるのは父さんじゃないか！　今夜は父さんの――誕生日だから――」

螢「お兄ちゃん――」

純。

涙がつき上げ、バッと外へ出る。

草太「純！(追う)」

音楽——圧倒的に流れこむ。B・G。

れいは、父が起こした事故で母を失った。また大里家自体も事業が破綻し夜逃げしてしまう。純の卒業式が近づいていた。

家

二人入る。
土間でたきつけを割っている五郎。
立つ二人。
五郎。
——割りつつ、

五郎「**（ポツリ）大里ンちはみんな出てったらしいな**」

純「——」

間。

五郎「そういう土地だここは。——みんな出てくンだ」

純「——」
間。

五郎「昔、父さんも黙って出てった」

純「——」
長い間。
薪を割る五郎。

五郎「純」

純「——ハイ」
間。

五郎「疲れたらいつでも帰ってこい」

純「——」
間。

五郎「息がつまったらいつでも帰ってこい」
間。

純　「父さん」

五郎　「くにへ帰ることは恥ずかしいことじゃない」

純。

螢。

薪を割る五郎。

五郎　「お前が帰る部屋はずっとあけておく」

純　「――」

間。

五郎　「布団もいつも使えるようにしとく」

純　「――ハイ」

間。

五郎　「風力発電も――。

ちゃんとしておく」

純　「――」

間。

五郎「おれたちのことは、心配しないでいい」

五郎は、東京行きの輸送トラックに純が乗せてもらえるよう手配する。旅立ちの朝——。

村道・交差点

二人来る。

荷物を置いて、トラックを待つ。

間。

純「(かすれて)螢」

螢「——」

純「父さんを——たのんだぜ」

螢「わかってる」

純「——」

螢　「こっちは心配いらないから」
純　「――」
間。
螢　「手紙だけ書いて？」
純　「――ああ」
（中略）
螢　「本当よ」
純　「ああ」
螢　「本当に――毎週書いて」
純　「ああ」
はるかかなたからやってくるトラック。
音楽――消えてゆく。
純　「螢」
螢　「――」
純　「本当いって、オレ――父さんに――」

螢　「――」

純の胸に熱いものがつきあげる。
トラック近づき、二人の前に止まる。
とび下りる五郎。

五郎　「荷物はこれだけか」

純　(うなずく)

五郎、荷物を助手席に放りあげる。

五郎　「(運転手に)すみません。荷物これ、よろしくお願いします」

荒っぽい顔をした運転手、無愛想に荷物を奥へ放りこむ。

五郎　「(純に)元気で行ってこい」

純　「――」

五郎　(手を出し、笑って握手を求める)

握手。
螢も手を出す。
握手。

五郎　**「じゃ急げ、まわり道してもらってンだ」**

純、ちょっとうなずく。

助手席に乗る。

戸を閉める。

トラック、いきなり方向転換のためバックする。

純、あわてて窓を開ける。

五郎　**「（運転手に）それじゃよろしくお願いします！」**

螢走って、純の側へまわる。

トラック、スタート。

螢　「（叫ぶ）れいちゃんの居場所わかったら教えるから！」

純、首をつきだす。

その目に——

雪の中に立った父と妹の姿——たちまち遠ざかる。

五郎が無骨な運転手（古尾谷雅人）に渡した2枚の一万円札。その札は五郎の手についていたであろう、泥で汚れていた。運転手は「オラは受取れん。お前の宝にしろ。貴重なピン札だ。一生とっとけ」と純に言う。

北の国から'89帰郷

東京で暮らす純は、欲しかったバイクを手に入れた。だが、それは盗難車だったため警察で聴取される。また大切な「父の一万円札」を盗まれたことから傷害事件を起こしてしまった。突然、富良野へと戻って来る純。

トムソン・ビレジ

雪の中、たった一人で皮むきをしている五郎。

近づく純。

そばに立つ。

五郎　**「(初めて気づいて) おう」**

純　「ただいま」

五郎、一瞬純の頭を見る。

五郎　**「おかえり!」**

純　「ゆうべはすみません」

五郎　**「(笑って) あんまりよく寝てたからほっといたンだ」**
純　「スミマセン」
五郎　**「疲れてたンだろう」**
純　「ハイ。――スミマセン。――アノ、手伝いましょうか」
　五郎。
五郎　**「できるかお前に」**
純　「力仕事は、毎日してますから」
　間。
五郎　**「じゃこれでたのむ。こういうふうに――。こうやって少しずつ。――そうそうこうやって――。凍りついてるから結構きついだろ？」**
　五郎、――もう一つの皮むき棒を持って、純と並んでやりはじめる。
五郎　**「うまいじゃないか」**
純　(ちょっと笑う)
語り　「右手のこぶしがちょっと痛んだ。でも――。父さんが心配しないように」
純　「(むきつつ) 丸太小屋建てるって本当なの？」

五郎「まァのんびりな」

純「全部自力で？」

五郎「**自分の家だ。愉しみながらな**」

純「――」

五郎「**ちょっと今度は愉しんでやるンだ**」

純「――すごいな」

中学を卒業した螢は、旭川の看護学校に通っている。通学列車で出会った和久井勇次（緒形直人）と密かに交際中だ。五郎と純は冗談で螢を尾行するが、そこに勇次の姿はなかった。

五郎たち

自己嫌悪にかられて坐っている二人。

五郎「**来なきゃよかったな**」

純「――うン」

五郎「イヤなことしてるな」

純「――ウン」

歩行者。

五郎「こういうとこが、オレにはあるンだな」

純「――そう?」

五郎「ある。ウン。昔から、ずっと、――あったような気がする」

純「――」

五郎「ある種のしっとの――行動なンだろうな。ウン」

純「――ウン」

間。

走行音。

五郎「遺伝してるからお前も気をつけろ」

純「(見る)――わかります」

五郎は純と螢を温泉に連れて行くと言い出し、勝手にはしゃいでいたが……。

家

五郎の唄声が風呂から出てくる。——家へ入る。

螢「(台所から) 父さん」

五郎「**エ?**」

螢「明日——申訳けないけど——私——温泉行かれないの」

五郎。

螢の背中。

螢「どうしても明日——私、ダメなの」

純。

五郎。

五郎「**ア。——何か予定あった?**」

間。

螢の背中。

螢　「あの人が行っちゃうの」
　五郎。
螢　「あの人。見てるでしょ。汽車で一緒になる」
　純。
五郎　「――ア、ホント」
螢　「お正月に家につれてきて、父さんに逢わせる約束してたの。だけど――急に東京に行くことになっちゃったの」
　五郎。
螢　「明日行っちゃうの。そうすると当分、――もう逢えないから――だから――どうしても送りに行きたいから」
純　「行ってこいよ」
五郎　「ア、行っといで！　そりゃ行っといで行っといで！」
螢　「ゴメンナサイ」
五郎　「温泉なンていつだって行ける」
螢　「二人で行って来て」

五郎　「そんなのいいそんなのいい、二人で行ったってつまんない、送りに行っといで送りに行っといで」

螢　「——ゴメンナサイ」

音楽——静かな旋律で入る。B・G。

自分のことを五郎に伝えたい純。面と向かっては言えず、風呂の中の五郎に話しかける。

風呂

中で、入っている五郎の水音。

焚き口の純。

純　「父さん」

五郎　「**あ？**」

純。

純　「ぼく早くいおうと思ってたンだけど——東京でちょっと、事件起こしたンだ」

五郎　間。

「どんな」

純　間。

「けんかして人に、けがさしたンだ」

純　「大したことなくて済んだみたいだけど」

五郎　間。

「どうしてけんかしたンだ」

純。

——右手のこぶしをゆっくり開閉する。

純　「大事なものをそいつにとられたから」

五郎　「——**そうか**」

純。

間。

五郎「それは、他人をけがさすくらい、お前にとって大事なものだったのか」

純「ああ――（涙がつきあげる）」

五郎「それなら仕方ないじゃないか」

純「――」

五郎「**男にはだれだって、何といわれたって、戦わなきゃならん時がある**」

純「――ああ」

純の頬を涙がボロボロ流れる。

五郎に打ち明けて、少しホッとした純。ふと思い立って、風呂の中の五郎に……。

風呂

純「父さんおれ――丸太小屋。一緒に作りたいな」

五郎「――」

純「こっちで職探して、父さん手伝って、一緒に丸太小屋作っちゃダメかな」

間。

五郎　「そりゃダメだ」

純　「――」

五郎　「あれは人には手伝わせない。だれの手も借りずにおれだけで作るンだ」

純　「――」

五郎　「おれ一人住むための家なンだからな」

純。

五郎　「(明るい) お前の部屋も、螢の部屋もない、おれ一人ののんびり暮らすための家だ」

純。

五郎　「だからとことん愉しんで作る。作る愉しみを何年も満喫する」

間。

五郎　「暖炉は石を一個ずつ探し、じっくり考えて積み上げ――。森に面してベランダを作り、――でっかいリビングとおれの寝室と。ああ！　それにな、異常なほどでっかい浴室！　足をのばしてものばしてもとどかない、馬鹿でかい風呂のある浴室を作るンだ。水は沢から引き、電気は引かない。天窓があって、星だけが見える。星のない日はさっさと寝ちまう」

音楽──テーマ曲、低くイン。B・G。

五郎「(ちょっと笑う) その家でオレは少しだけ畑を耕して、毎日森へ行き、山菜やきのこをとり──、後はお前らの仕送りで食ってく」

純「──」

五郎「仕送りするな?」

純「するよ」

五郎「約束したぞ」

純「ウン」

五郎──愉し気に鼻唄をうたう。

富良野の街のスナックで飲んでいる五郎と中畑和夫。五郎は酔っ払い、隣の席の女性客たちに向って話しかける。

五郎の顔（トップシーンのスナック）

前よりさらに酩酊している。

五郎「ア、ゴメンナサイお客さん？　私酔ってるから。酒が私にいわしてるンだから」

和夫「五郎もう帰ろうよ」

五郎（ふりのける）富良野はもっとひらけてないと思った？　それはアレですか？　電気も水道もないようなとこ、と。奥さんよくいうねえ！　ハハ、東京から来て、よくいうねえ！　自分らはぜいたくに暮らしといてさ、こっちはもっと貧しいほうがいいの？」

女の声「ゴーロチャン」

五郎「ハアイ。――住んでるのよ私たち。生活してるのよ。一日か二日来て車でそこら見て、ひらけててガッカリした？　やめてよオ！」

演歌。

五郎「そんじゃ実際に暮らしてみれば？　電気のないとこで、マイナス二十度で」

飲む。

急に、ヘラヘラッと笑う。

五郎　「なァンちゃって実はうち、いまだに電気通ってないンです。風力発電でやってます。ハイ。ですから私アノ、エネルギー問題、――（声をひそめる）意見いう権利あるンです実は。北電の世話になってませんから。暖房やクーラーがんがんつけた部屋でエネルギー問題偉い人論じてる。ククッ。あれ変だよね。そう思いません？　ククッ。ナアンチャッテ」

北の国から'92巣立ち

五郎は富良野で一人暮らしをしている。純は東京で働き、螢は旭川の看護学校の寮にいた。卒業後に螢が富良野の病院で働くことを楽しみにしている五郎だが、螢は恋人・勇次のこともあり迷っていた。そんな事情を知った正吉は五郎を訪ねる。

倉庫・内

少し酔った五郎、柱にもたれて低く歌っている。

正吉。

五郎「何だこれ」

正吉「金です」

間。

五郎「どうしてお前が金をくれるンだ」

正吉「あげるンじゃありません。返してるンです」

五郎。

正吉「おふくろがおじさんに迷惑かけた金。それから——オレが焼いた丸太小屋」

五郎。

正吉「ほんのわずかです。これからゆっくり。——少しずつ返します」

五郎。

五郎「**正吉**」

正吉「何もいわないで取ってください。これからチョクチョク——返しにきます」

五郎「——」

正吉「あの時期オレ、——おじさんに育ててもらって——オレも息子だと思ってますから」

五郎。

間。

封筒を少し開け、中から二枚の一万円札をちょっと引き出す。

間。

しまう。

五郎。

——煙草に火をつける。

音楽——静かにしのびこむ。B・G。

五郎　**「(かすれて) お母さん、元気なのか」**

正吉。

正吉「何とか元気です」

五郎　**「——」**

正吉「おじさんのこといつも気にしています」

間。

五郎　**「(小さく) バカヤロウ」**

間。

五郎　**「どうしてるンだ今」**

正吉「相変らずです」

五郎　**「——」**

正吉「札幌で——飲屋につとめてます」

五郎　**「——」**

五郎。

湯呑みのウィスキーを口へ運ぶ。
一口飲んで、——突然天井を見る。
五郎の目から涙があふれている。

五郎「（かすれて）気になンてするなっていってやってくれよォ——！」

正吉「——」

間。

五郎、突然ガバと身を起こし、正吉のグラスにウィスキーをつぐ。

五郎「ああうれしいなァ！　みんないりゃあなァ！」

正吉「——」

五郎「もう一人の息子。——どうしてるのかなァ——」

音楽——静かに消えてゆく。

東京で出会ったタマコ（裕木奈江）と関係を結び、妊娠させてしまった純。五郎は純と共にタマコの親代わりである叔父（菅原文太）に頭を下げる。そして新たな丸太小屋のための木材を売り払い、謝罪の金をつくった。家は丸太ではなく、石で造ると言い出す。

現場

五郎「**それがさァ中ちゃん！　オラバカでさァ!!　アハハハ**」

和夫「——」

五郎「**風呂作ったのに肝腎の水のこと。沢から水引こって簡単に決めとったら、——沢がこっちに来とらんでしょう！　アハハハ**」

和夫「……」

五郎「**それで山のほう調べに入ったら、熊にばったり出会っちまうし、ハハハ**」

和夫「（あきれて）どうするンだ」

五郎「**（簡単に）井戸掘る**」

和夫「井戸？」

五郎「**そこらにドロの木がいっぱいあるべ。ドロがあるのは水のある証拠だ**」

和夫「井戸掘るったって金がかかるぞ。だいたいボーリングは一メートル一万」

五郎　**「いや自分で掘る」**
和夫　「自分で!?」
五郎　**「昔、おやじも掘ったっていってた。三十尺も掘りゃア出るンでないかい？」**
和夫　「三十尺ってお前ほとんど十メートルだぞ！」
五郎　**「うン」**
（中略）
和夫　「業者にたのめ。金は貸すから」
五郎　**「（明るく）イヤ自分で掘る」**
和夫　「掘れるもンかバカ」
五郎　**「（明るく）イヤ何とかする」**
和夫　「無理だ」
五郎、急に明るくふり向く。
五郎　**「こういう唄を知ってるか中ちゃん」**
和夫　「――」
五郎　**「〽やるなら今しかねえ**

やるなら今しかねえ
六十六のおやじの口ぐせは
やるなら今しかねえ」

和夫。

和夫「それが歌か」

五郎「(ニヤリ)**知らんべ。おくれとるな。ナガミゾツヨシだ**」

ある日、五郎を訪ねてきたのはスナック「駒草」にいた、こごみだった。

焚き火

バチバチ火がはぜる。
茶をすする二人。

こごみ「(ちょっと笑って)変ってないわね」

五郎「**オイラかい。老けた**」

こごみ「それはお互いよ。でも変ってない。やってることが。（笑う）何だかすごくホッとした」

五郎「**いくつになっても進歩できんでいる？　アハハハ**」

火がはぜる。

こごみ「中畑さんたちから噂聞いたのよ。五郎ちゃんが一人で井戸掘りしてるって」

五郎「**（笑う）あきれとったべ？**」

（中略）

こごみ「もうどのくらい掘り下げたの？」

五郎「**六メートルくらいいっとるかな**」

こごみ「出そうなの、水」

五郎「**わからん**」

こごみ「全然、気配なし？」

五郎「**今ンとこな**」

こごみ「────」

五郎「**先週はでっかい岩にぶち当って、タガネで少しずつブチ割ったンだ。だけど幸い**

もう岩通したから。イヤイヤ一時はどうなるかと思った」

こごみ。

火の音。

五郎　「（明るく）後一月で何とかしたいンだ。大晦日に何とか間に合わしたくてな」

こごみ　「――」

五郎　「（嬉し気に）大晦日。子どもらが帰ってくるンだ。そン時風呂にな。足の伸ばせる。――ああこれ見てくれ！　風呂はできとるンだ！　子どもらにはまだなンも話しとらん！　秘密。アハハハ。びっくりさせるンだ。大晦日にここでな、家族三人で野天風呂。わくわくするべ!?　あいつら驚くぞォ!!　わくわくしとるンだ。こっちも毎日。アハハハ」

風呂の脇に立ち、石積みにそっと手をふれているこごみ。

――じっとそのまま動かない。

五郎　「どしたの」

こごみ　「――ううん」

五郎　「——」
こごみ　「（ちょっと笑う）涙が出ちゃいそ」
五郎　「**アハハハ。何でよ**」
こごみ　「（首ふる）——水、出るといいね」
五郎　「**うン。——それだけだ？**」
こごみ　「——」
風の音。

タマコは故郷の鹿児島に帰っていった。純は五郎が丸太を売って用意してくれた金を返そうとする。

喫茶店

五郎　「**これはお前に呉れてやった金だ**」
純　「——（見る）」

五郎　**「一度捨てた金はもう受取れん」**

純　「いや！　けど父さん！　こんな大金」

五郎　**「（突如激昂）大金だ！　ああ！　ものすごい大金だ！　そりゃァオイラの――血みたいな金だ！　だけどいったンお前にやったもンだ！」**

純　「父さん」

五郎　**「返してほしいのは山々だ！　今にも手が出てひったくりそうだ！　だけどいったんやっちまった金だ！　やった以上は見栄っちゅうもンがある！　手が出んうちに早くとって、しまえ!!――しまえ!!」**

純、気押されて金包みをしまう。

五郎。

――ようやく感情をおさめる。

（中略）

五郎　**「実はな。――その金は大きかったンだ」**

純　「――スミマセン」

五郎　**「いや。そういう意味じゃない」**

純　「──」

五郎　「**金のあることが大きかったんじゃない。失ったことが大きかったんだ**」

純　「──」

五郎　「**失ってオイラ──、でかいものつかめた**」

純　「──」

五郎　「**すっかり忘れてた、大事なこと思い出した**」

純　「──（見る）」

五郎　「**金があったら、そうはいかなかった**」

間。

純　「どういう意味ですか？」

五郎。

間。

──ちょっと笑う。

五郎　「**金があったら金で解決する**」

純　「――」
五郎　**「金がなかったら――智恵だけが頼りだ」**
純　「――」
五郎　**「智恵と――、自分の――、出せるパワーと」**

一人で雪下ろしをしていた五郎。足をすべらせ、転落する。木材が崩れ、五郎は身動きできなくなる。あたりには誰もいない。ビニールシートを使って雪から身を守り、木くずを燃やして暖をとろうとするが、うまくいかない。やがて意識が薄れてくる。

現場

白い影。
それが――少しずつ形となる。
令子である。
令子はラベンダーを持ち、匂いをかぎながら笑っている。

五郎　**「(もうろうと) 令子か」**

令子「――」

五郎「どうなンだ」

令子「――」

五郎「オイラこれでいいのかな」

令子「――」

五郎「あいつらへの責任は――」

令子「(にっこり) まだダメよ」

五郎「どうして」

令子「――」

五郎「これ以上おれがしゃしゃり出たって、あいつら迷惑に感じるだけだ」

令子「――」

五郎「あいつら自分で責任をとりたがってる」

令子「だめ」

五郎「なぜ」

令子「あの子たちまだ巣立ったばかりだから」

五郎　「――しかし」

令子　「またすぐきっと、巣にもどりたくなるから」

五郎　「そうかな」

令子　「――」

五郎　「だけどあいつら二人とも」

令子　「眠《ね》ちゃ駄目」

五郎　「――」

令子　「巣を守って」

五郎　「――」

令子　「眠《ね》ないでしっかり巣を守ってて」

五郎。

五郎　「(笑う) 眠《ね》てなンかいるもンかァ」

令子　「――」

五郎　「**話したいことが山ほどあるのに**」

令子　「――」

五郎「あれからのこと――お前に――山ほど――。――山ほど」

五郎は危ないところで助けられた。諦めず自力で生きようとした父の執念に感動した純は、富良野に帰ってくることを決意する。

北の国から'95秘密

純は富良野でゴミ収集の仕事に就いている。札幌にいる、れいとの関係は冷える一方で、最近知り合ったシュウ（宮沢りえ）に惹かれていく。

石の家

食事しながら大笑いのシュウ。

五郎「気にするほうがおかしいでしょう。だってスーパー行きゃ三個何ボの人参が、あすこで拾やァただなンだぜ?」

純「そりゃァそうだけど」

五郎「おかしいっていやお前、まだ食えるもンを捨てるほうがよっぽどおかしいと――（シュウに）思いません?」

シュウ「（笑って）思います!」

五郎「ネッ」

純「そうだけど父さんミットモナイヨ」

五郎 「（シュウに）クク、ミットモないだって、カッコつけちゃって」

シュウ 「最ッ高！　でも、電気がないとテレビもないわけ？」

五郎 「ない」

シュウ 「新聞は？」

五郎 「とってない」

シュウ 「世の中のことは、じゃァどうやって知るンですか？」

五郎 「ハハハ、べつに知らんでも死にやァせんのよ。いっぱい知らされるとかえって疲れる。ア、よくみんないうべ？　知る権利って。オラのは逆なの。知ラン権利ちゅうの。知らんでいたいの。そのほうが楽なの」

シュウ 「（芯《しん》から感動して）最高——」

五郎 「ハハ、けどまァ本当いうと、大事なことは知りたくなくても何となく入ってくる。総理大臣の名前だって——ムラヤマさんでしょ？　今。アレ？　また変りました？」

シュウ 「（笑いころげる）最高！」

螢は札幌で看護師をしていたが、突然、家庭のある医師・黒木（井筒森介）と駈け落ちしてしまう。黒木の妻（大竹しのぶ）が五郎を訪ねてきた。

麓郷交差点・バス停

雪の中にポツンと立っている二人。
五郎。

五郎　**「（ポツリ）頭ン中がまだ真っ白で——。何いっていいンだかわかンないンだけど」**

夫人　「——」

五郎　**「だけど——」**

夫人　「——」

五郎　**「オイラかみさんと離婚して、——死なれて——。男手一つであいつを育ててきて——」**

夫人　「——」

五郎　**「だから——満足な育て方してないけど、だけど——。あいつはいいつ**

も真面目なやさしい子で」

夫人「――」

五郎「そりゃあ本当にやさしい良い娘で」

夫人「――」

五郎「そんな――人様に後ろ指さされること――。もしたとしたらそれはオイラの責任だけど。――けど――」

五郎の目から涙が吹き出す。

五郎「オイラ――どうしても、螢がそんな――」

五郎ギクリと言葉を途切る。

夫人の目が涙でいっぱいになっている。

五郎。

ある日、純はシュウが以前AV女優をしていたことを知ってしまい愕然とする。気にしないと思いながら、強烈にこだわっている純。シュウは五郎の家で……。

石の家

五郎に半分抱かれるように毛布にくるまって眠っているシュウ。
火をくべかけた五郎、ふと耳をすます。
遠くビーンという鋭い音。
五郎、火をくべる。
ふたたびビーンという今度は近い音。そしてその谺《こだま》。
間。

シュウ「(目を閉じたまま) 何の音?」

五郎「——凍裂《とうれつ》だよ」

間。

シュウ「凍裂って?」

五郎「うンと冷えた晩、木の幹が裂けるンだ」

薪のはぜる音。

五郎「今夜は相当冷えてるンだな」

シュウ「――」

五郎「眠れないのか？」

シュウ、首をふり、口の中で何か小さくいう。

五郎「エ？」

目を閉じたままのシュウ。

シュウ「(小さく) 昔のこと消せる消しゴムがあるといい」

五郎「――(見る)」

ビーン。

目を閉じているシュウ。

喫茶店

螢が黒木医師と駆け落ちして暮らす、根室の落石《おちいし》。五郎と純は螢に会うためにやって来た。

ムード曲。

砂糖を入れて、かきまぜる三人。

間。

五郎　**「（まぜっつ、ボソリ）父さん——ここに来る間——お前に会ったら何ていおうか——一生懸命考えた。ウン」**

螢　**「————」**

五郎　**「ところがこいつがとばすもンだから、アッという間に着いちまって」**

純　「八時間かかったぜ！」

五郎　**「ウン八時間、八時間は短い」**

螢　**「————」**

五郎　**「結局なんにも——思いつかンまま——こういうご対面になっちまって」**

ムード曲。

間。

五郎、必死に言葉を探す。

五郎　**「（ヤケくそで）何でもいいンだもう！　何でもいいンだ、うん！　こうと思ってやっ**

ちまったンだから――」

螢　「――」

五郎　「どこのどなたにご迷惑がかかろうと、――お前が正直に――自分に正直に――こう思ってしまったンだから――だから――。それはいいとか悪いとかじゃなく――。たしかにそりゃァよくないことかもしれんが――しかし――それはそれとして――何ちゅうンだ。何をいおうとしてるンだ、つまり――世間的にはよくないかもしれんが少なくともオレには――父さんに対しては――申し訳ないなンて思うことないから。何をしようとおれは味方だから。――うン。(間) おれのいってること、――わかります？」

螢　(うなずく)

五郎　「うン。だから――。余計なことはなるべく考えンで――。やっちまった以上後悔しないで――。そいで責任は――責任として負って。父さんも一緒に――少し負いますから。うン」

螢が黒木医師と働く小さな診療所が海辺にある。螢を送ってきた五郎と純。

崖の上

車来て止まり、三人下りる。
五郎、荒巻きを螢に渡す。

五郎　**「先生に持ってって」**
螢　「いい！　そんなこと」
五郎　**「持ってって！　気持ち！」**
螢　「――スミマセン。じゃ」
五郎　**「うン」**
螢、二人に手をふり歩き出す。
間。
五郎　**「(急に)螢！」**
螢　(ふり向く)
五郎　**「――(泣きそうに)いつでも富良野に帰ってくるンだぞ」**

螢。

間。

行きかけ、もう一度父のところへ来る。

螢の目に初めて涙が浮かんでいる。

螢「(かすれて)父さん、私、ひとりの時はね――本当は毎日自分を責めてるの」

五郎「――」

螢「だけど今はね――。どうしようもないの」

五郎「――」

螢「ゴメンナサイ」

五郎「――**(かすれて)ウン**」

螢「――」

パッと身をひるがえし、診療所へ向かって歩いていく螢。

その手に下げた荒巻き鮭。

風と雪。

音楽――チェロの旋律、低くイン。B・G。

五郎。
純。
語り「父さんはそれきり口をきかなかった」

れいが結婚することになった。当日、純は結婚式場まで行き、遠くから花嫁姿を眺める。そして富良野に戻ると五郎が待っていた。

アパート

純、入る。
正吉と待っていた五郎、立ち上がる。
音楽――消える。
五郎「このますぐに北時計に行け。シュウちゃんが待ってる」
純、シャツを脱ぎ洗濯機に放りこむ。
洗剤を入れスイッチを押す。

純　「父さん、あれはもういいンだ、終ったンだよ」

五郎　**「どうして」**

純　「――おれが悪いンだ。もうすンだンだ」

純、洗面所へ。

五郎　**「純、お前悪いと思ってるのか」**

純　「――ああ」

五郎　**「じゃあ行ってどうして謝らないンだ」**

純　（石鹸でゴシゴシ手と顔を洗う）

五郎　**「純」**

間。

五郎　「ゴミの車に乗るようになってから、お前年じゅう手を洗うようになったな」

純　「――」

五郎　**「お前の汚れは石鹸で落ちる。けど石鹸で落ちない汚れってもンもある」**

純　「――」

五郎　「人間少し長くやってりゃ、そういう汚れはどうしたってついてくる」

純　「――」

五郎　「お前にだってある」

純　「――」

五郎　「父さんなンか汚れだらけだ。そういう汚れはどうしたらいいンだ。え？」

純。

間。

五郎　「行ってあげなさい。行ってもいちど、全部さらけ出して」

北の国から'98時代

五郎は有機農法に取り組む農家を応援して、堆肥作りと炭焼きを行っている。作ろうとしている炭は、畑の土壌改良のために使われるものだ。

炭焼き窯（伏せ窯）

語り「そのために父さんは、いろンなやり方の炭焼きに挑戦し、何度も失敗をくり返しているらしい」

窯から炭をかき出す五郎。

脇で見ている純。

語り「父さんの体には堆肥の匂いに加え、炭焼きの匂いが染みついてしまった」

五郎「(笑って) アハハハ、**また失敗**。ハハハハ。**こないだはうまくいったンだ。ウン。完ちゃんもすごく喜んでくれた。ウン。**(明るく) **人に喜んでもらえるってことは純、金じゃ買えない。ウン。金じゃ買えない**」

音楽――低くしのびこむ。

語り「本当にそのとおりだとぼくは最近、父さんの行動が少しわかるようになってきた」

純は、シュウの実家に挨拶に行ってきた。

石の家・ベランダ

五郎「どうだったンだ、それで、実家は」

純「――べつに」

間。

五郎「歓迎されたか」

純「歓迎――とまではいかなかったンじゃないかな」

五郎「ウン」

純「――」

五郎「娘が男を連れてくりゃお前、そりゃたいがいは歓迎しねぇもンだ」

純　「――」

五郎　**「オレなんかお前、母さんもらいに初めて行ったとき、いきなりホースで水かけられた」**

二人、ちょっと笑う。

間。

純　「オヤジさんてのが変な人だったよ。オレにひと言も口きかないンだけど、カラオケボックスに誘ってくれたンだ。そこでも全然オレのこと見ないで一人で勝手に歌いまくってるンだ。歌いながらつぎのボタンを押してさ、一人で延々二十二曲だぜ」

五郎　**「数えてたのか」**

純　「だってほかにやることないンだもン」

五郎　**「――そうか」**

純　「――」

五郎　**「うン――そりゃあなかなか素敵なオヤジだ」**

突然、螢が富良野に現れる。駈け落ちした医師とは別れたが、螢は身ごもっていた。
それを知った草太は、正吉に螢と結婚しろと言う。

石の家・ベランダ

正吉「おじさん」
五郎「あ？」
正吉「――」
五郎「(笑いだす) 何だよォ三人とも。リラックスしてよォ」
正吉「螢ちゃんに、結婚を申し込んだンです」
五郎「へ？」
正吉「螢ちゃん受けてくれました」
五郎。
正吉「おじさんの許可が欲しいンです」
五郎。
五郎「けど、アノ――こいつには――流石に。――あちらは」

螢　「終ったわ、とっくに」
五郎。
正吉　「じつは——もうお腹に——ぼくの子どもがいます」
五郎。
純。
正吉　「すいません。話が後先になってしまいました」
五郎。
正吉　「オヤジさん。螢ちゃんをぼくにください」
五郎。
螢。
純。
正吉。
五郎。
間。
五郎の目にみるみる涙がふき出す。

純。
涙を拭いもせず、五郎うなずく。
小刻みにうなずく。
何度もうなずく。
そのままツイと立ち、急いで中へ入りかける。
急にもどって正吉の手を両手でにぎり、何度も何度も笑顔でうなずく。
螢の手を両手でにぎり、何度もうなずく。
行きかけもどって、純の手をにぎる。
何度もその手をふり、中へ走りこむ。
純。
——チラと螢を見る。
うつむいている螢。
正吉。
純。
突然。

中から嗚咽《おえつ》がもれてくる。

五郎が上砂川にいるシュウに会いに来た。

食堂・中

五郎「それで。——その後、——うまくいってるのか」

間。

シュウ「そのつもりだけど」

五郎「そうか」

シュウ「——」

五郎「ウン。イヤ。そんならいいンだ」

シュウ「——」

五郎「ただ——」

シュウ「——」

五郎「あいつは照れ屋だし。――意地を張るタチだから。だから――、どういうか、コノ――自分の気持ちを、ソノ――素直にうまく伝えられンタチだし。だから――。本当は逢いたくてたまらんくせに、自分のほうから連絡するのが――照れくさいちゅうか、恥ずかしいちゅうか。けど。――あいつは君が。――大好きなンだ」

シュウ「――」

五郎「見てりゃアわかる。うン。そりゃ見てりゃア、誰にだってわかる、うン」

（中略）

シュウ「お父さん」

五郎「――あぁ」

シュウ「純が私のこと嫌いだっていっても、私、絶対離さないから。――大丈夫」

五郎「――」

シュウ「お父さんのことも離さないから」

五郎「――」

草太は効率よく高い利益を得ることを目指し、積極的に農地を拡げている。だが、草太を見つめる純の中には反発が起きていた。

炭焼き場

五郎「**だけどな純**」

純「――」

五郎「**草太のことを悪く思うな**」

純「――」

五郎「**あいつはあいつで一生懸命なンだ**」

純「――」

五郎「**螢の結婚式のことにしたって**」

純「だけどオレときどき許せなくなるよ」

五郎「――」

純「人の仕事を平気でケナすし、父さんのやってることについてだって、よそ行ってあちこちで悪口いいまくるし」

五郎　「――」

純　「最近の兄ちゃんは少しおかしいよ」

五郎　「(笑って) 純やめとけよ。それ以上いうとお前が人の悪口いってることになるぞ」

純　「――」

五郎　「悪口ってやつはな、いわれてるほうがずっと楽なもンだ。いってる人間のほうが傷つく」

純　「――」

五郎　「被害者と加害者と比較したらな、被害者でいるほうがずっと気楽だ。加害者になったらしんどいもンだ。だから悪口はいわンほうがいい」

五郎が応援している農家の畑が堆肥や炭で甦ってきた。感謝されたことが五郎には嬉しい。

炭焼き場

火を見つめている五郎。

五郎　**「考えてみるとさ、今の農業は、気の毒なもンだとオレは思うよ。どんなにうまい作物作っても、食ったやつにありがとうっていわれないからな」**

純。

五郎　**「誰が食ってるか、それもわからねぇンだ」**

純。

五郎　**「だからな。おいらは」**

純　「――」

五郎　**「小さくやるのさ」**

純。

五郎　**「(笑う) ありがとうって言葉の聞こえる範囲でな」**

草太が不慮の事故で急死してしまう。純と正吉は草太の牧場を引き継ぐことを周囲から求められる。

石の家

暖炉に赤々と火が燃えている。
五郎、純、正吉。
螢が台所からお茶を持ってくる。

純「返事はしてないよ」
五郎「うン」
純「どう思う、父さん」
五郎「――なんともいえン」
純「――」
五郎「ただ」
純「――」
五郎「農家っちゅうもンは甘いもンじゃない」
純「――」
五郎「何よりワシらに予測できん天候ちゅうものに左右される。計画どおりにいかン仕

純　　事だ。だけどそんなこと世間は考えてくれン。それに――」

五郎　「――」

純　　「今の連中は草太に限らず稼ぎを拡げようと規模を大きくする。けどそりゃ掛かりが多くなるちゅうことだ」

五郎　「――」

純　　「分子が大きくなりゃ分母も大きくなる。二百分の百も二分の一も同じだ。リスクもそンだけ大きいちゅうことだ」

五郎　「――」

純　　五郎、出された茶に手を伸ばす。

五郎　「答えはお前らが考えりゃいい。けど甘くないちゅう、それだけは確かだ」

　　暖炉に燃える火。

　　螢と正吉の結婚式前夜。石の家にいる父と娘……。

ランプ

灯がともっている。

居間

並んだ布団の中の五郎と螢。

五郎「本当いうとな。オイラ母さんを怒らしちまったンだ」

螢「どうして」

五郎「それが——なぜだかよくわかンねえンだ」

螢「——」

五郎「とにかくオイラ——やたら倖せで、——ホント何だか夢みたいだったから、——とりあえずたたみに手をついて、アリガトウゴザイマスってお礼いったンだ。結婚してくれてアリガトウゴザイマスって。そしたら何がアリガトウなンだって、母さんいきなり怒りだしやがった」

螢「(笑いだす) そりゃア怒るよ」

五郎　「（びっくりして）どうして怒るンだ」

螢　「どうしてって、だって」

五郎　**「オイラ心からそう思ったンだ。オラみたいなチンケな男のところに、母さんみたいなステキな人が来てくれて。だから、心から、アリガトウっていったンだ」**

螢　「――」

五郎　**「何で怒ったのか今もってわかンねえ」**

間。

螢　「そっちの布団に行っていい？」

五郎　**「――アあ。来い」**

螢。

――五郎の布団へ入る。

間。

螢　「母さん多分いいたかったのよ。父さんのほうがステキなのに、何でそっちから礼をいうンだって」

五郎　**「バカいえ！　オラは最悪の男だ。いいかげんだし、目はたれてるし」**
螢　「父さんはス、テ、キ、で、す！」
五郎　**「おちょくりやがって」**
柱時計がボーンと鳴る。
螢　「ア、けった。父さん、触ってみて、ホラ」
五郎　**「――」**
間。
螢　「わかる？　動くの」
五郎　**「――ああ！　動いてる」**
間。
五郎　**「お前、――落石の先生のこと、もう完全に忘れることできたか」**
間。
螢　「できた。忘れた」
五郎　**「――」**
螢　「父さん（何かいいかける）」

五郎　**「そうか。そんならいい。うン。それでいい」**
間。
五郎　**「ああ、また動いた」**
螢　「父さん——（声がつまる）」
間。
五郎　**「どうした」**
間。
螢　「父さんのこの匂い、——絶対に忘れない」
五郎　「——」

北の国から2002遺言

純と正吉が草太から引き継いだ牧場は倒産した。多額の借金は正吉と分担して返すことになり、2人とも富良野を離れた。螢は3歳の息子・快（西村成忠）を育てながら、看護師として富良野で働いている。ある日、五郎の家をシュウが訪ねて来た。

風呂・焚き口

間。

シュウ「本当は――ここに来たかったの」
五郎「――」
シュウ「純君と二人で、この麓郷で、――お父さんにこうやってお風呂をたいて――」
五郎「――」
シュウ「私がいけないの。私が悪かったの。純君のいちばん辛い時期に、――何の力にも私なれなくて、――逢っても純君の辛い顔見て――それがだんだん苦しくなって――もうやめようって、私からある日」

五郎　「(笑って) やめろよシュウちゃん。もうすんだことだ」

風呂の中

五郎　「どっちが悪いなンて、そんなこたァないンだ」

間。

五郎　「それで、——結婚する人はいい男か」

間。

シュウ　「うン、いい男」

五郎　「オイラよりもか」

シュウ　「お父さんにはかなわない」

間。

五郎　「顔もオイラにかなわんか」

シュウ　「顔はあっちの勝ち」

五郎　「なら相当にいい男だ」

シュウ　(笑う)

雪子の息子・大介（沢木哲）は高校生になっている。

雪子の家・表

五郎「普通お前、男が女に惚れるってことは、相手の顔や、相手の声や、相手の匂いや、
――コノ、触った時の肌の具合や」

大介「いやらしいなァッ!!」

五郎「ア。イヤ、だけど。普通はそうよ」

大介「古いよッ」

五郎「そうかなァ。だけどケイタイで字だけ交換して。どうして声で直接しゃべらんの？」

大介「――」

五郎「会話すりゃもっと相手がわかるじゃない。人間はしゃべることが出来るンだから」

大介「――」

五郎「**逢って話しゃア余計にわかるでしょう。好きもきらいもその後なンだから**」
大介「――――」
五郎「**半年間ずっとつき合ってたってお前、住所も知らん、顔も知らん、声も知らんで好き合ってるなんて、そんな変な話、おいらにゃどうしても**」
大介「（突然激しく）むかつくなッ!!」
ふり向いた和夫。
五郎。
大介「だからおじんはやだっていうンだ！　いうことが古すぎて話にもなンねえよ」
五郎。
五郎「**そうかァ――？**」
大介「今はそうやって人を好きになるの！　おじさんの時代とは形がちがうの！」
五郎「**だけど知らない人なンだろう？**」
大介「知ってる人！」
五郎「**逢ってなきゃ知らないいって普通いうぜ**」
大介「今の世の中では知ってるっていうンだよ！」

五郎　「**そうかァ？**」

羅臼で働く純は、涼子先生の教え子でもある高村結（内田有紀）を好きになる。だが、結には家を出たままの夫・弘（岸谷五朗）がいた。弘の父でトドと呼ばれる吾平（唐十郎）が、五郎の前に現れる。結のために、純の父親を見に来たのだ。

現場

トド　「（坐る）あんた――。凄いな」

五郎　「――**へ？**」

トド　「あんた、凄い人だ」

五郎　「――**何をおっしゃる！　ア、サ、お茶を！**」

トド　「これは全部、――そこらに捨てられてあったもンでしょう？」

五郎　「**ハハ。――ハイ。お恥ずかしい**」

雪がかすかに降りはじめる。

トド　「さっき手伝っとった方々は」

五郎　「ここらの近所の連中ですよ。手間返しいいましてね。お互い人手を貸し合うンです」

トド　「――日当は？」

五郎　「そういうことはしちゃいかんのですわ。働いてくれた分は働いて返す。金やら物で返すのはなし。オ、雪が降ってきた」

トド　「――」

五郎　「あなたお泊まりは？」

トド　「いや、まだ、決めてません」

間。

五郎　「内地からですか」

トド　「いや、奥地です」

五郎　「ハハ。ここも奥地ですよ。――うちに来ますか？」

トド　「エ？」

五郎　「雪が降ってきちゃ仕事にならんから、――どうです。うちに来て一杯やりませんか。汚いとこだが――宿がまだなら泊まってきゃあいい。町のホテルは金がかかります」

間。

トド「あんた——凄い人だな」
五郎「(笑って)よしてくださいよ」
トド「申し遅れました。私、高村いうもンです」
五郎「あ。こりゃ忘れとった。黒板です。みんな五郎と呼びます」

暖炉に

火が燃える。
ランプの灯のもとで、向き合い飲んでいる五郎とトド。
トド「失礼ですがお仕事は」
五郎「(笑う)いやァそのお仕事が。何となくフラフラ喰べております」
トド「何となくフラフラ——喰べられるもンですか」
五郎「喰えますな」
トド「ハハァ」
五郎「金にしようという気がなければ喰えます」

トド　「――ホホオ」

間。

トド　「ご家族は？　お一人でお暮らしですか」

五郎　「**かみさんは――死にました。倅《せがれ》と娘と――娘のところに孫がおりますが、町のアパートに住んでおります**」

間。

トド　「息子さんは」

間。

五郎　「**可哀想な倅で。――借金が出来て富良野におれんようになったンですよ**」

（中略）

間。

トド　「どうして借金をつくったンです」

五郎　「**人の借金を背負ったンですよ。倅の責任とはいえンのです**」

トド　「――」

五郎　「**兄貴のように慕っとったもンが死んで、その牧場を継がされたンですよ。ところ**

がそこがえらい借金をかかえとって。——倒産です」
トド　「——」
五郎　「まァ人生にはいろいろあるですよ。おや。（窓を見る）雪が本降りになってきましたな。酒ありますか？」
トド　「ハイ、まだ」
五郎　「あ、風呂に入ってください。ハハ。この風呂だけは自慢できる」
音楽——盛りあがって静かにつづく。

中畑和夫の妻、みずえ（清水まゆみ）の癌が再発した。和夫は、急遽、娘・すみえ（中島ひろ子）の結婚式を行うことを五郎に告げる。ただし、みずえの姿を人に見せられないので、式には誰も呼ばないと言う。

すみえの家・現場（夜）

和夫　「（かすれる）家の完成は、後どのくらいだ」
間。

五郎　「一週間で、何とか形にする」

和夫　「頼む！」

五郎　「——（うなずく）」

和夫　「悪いな」

五郎　「——」

間。

和夫　「あいつはこの新居を——愉しみにしとる」

五郎　「——」

和夫　「痛みが薄れると、この家に入れる——台所用品とか——家財道具とか——そんなことばかり——おれにメモさせる」

五郎。

間。

和夫　「あいつの具合のいいときを狙って——」

五郎　「——」

和夫　「出来上がったこの家を見せてやりたい」

五郎。
——うなずく。
何度もうなずく。
和夫　「そんときは悪いけど——。みんなを外してくれ」
五郎　**「——（うなずく）」**
和夫　「悪いけど五郎。——お前もだ」
五郎　**「——わかった」**
間。
和夫　「それだけだ。本当に——。本当にすまん」
（中略）
五郎　**「（かすれて）和夫ちゃん」**
和夫　「——」
五郎　**「ここのことはみんなオレらにまかせろ。お前はみずえちゃんに出来るだけついてやれ」**
和夫　「——」

五郎　「**仲間がみんな、本当によくやってくれる。全部お前の――。普段の人徳だ**」

和夫　「――」

和夫。

――一礼して涙をため、去る。

体の不調を感じて、病院で検査を受けた五郎。その結果、大きな問題はなかったが、年齢のことも考えて遺言を書き始める。山下先生（杉浦直樹）は遺言の指導者だ。

石の家

紙に書かれた『遺言』の文字。

その前で、筆を持ち、考えこんでいる五郎。

山下の声　「死んだ後の世界を想像しなさい」

五郎。

山下　「自分の死んだ後のこの麓郷を」

五郎、紙に向かい、書く。

五郎の声　**「オイラがいなくなった後のことを書く。純――。お前は結ちゃんと結ばれて――。勝手にやれ。螢――。お前も勝手にやれ」**

間。

五郎の声　**「快――。お前の成長する姿が見られないのは――たまらない。ジジイのことを忘れないでくれ。ジイジイはいつもお前のことを――」**

五郎の目から涙がポロポロこぼれる。

それはしだいに嗚咽に変る。

勝手な自分の空想の中で、嗚咽は大きく、止まらなくなる。

突然腹を立て、書いていた紙をクシャクシャに丸めて、思いっきりチーンと鼻をかむ。

五郎の鼻が墨で黒くなる。

炭焼き小屋

五郎が竈《かまど》の前にじっと坐っている。

語り「父さんは今年も、また炭を焼いている」

五郎の顔。

音楽──消えていって。

五郎の声「遺言。純、螢。おれにはお前らに遺してやるものが何もない。でも──、お前らには──うまくいえんが、遺すべきものはもう遺した気がする。金や品物は何も遺せんが、遺すべきものは伝えた気がする。正吉や結ちゃんには、お前らから伝えてくれ」

音楽──イン。B・G。

五郎の声「おれが死んだ後の麓郷はどんなか。きっとなんにも変らないだろうな。いつものように、春、雪が溶け、夏、花が咲いて畑に人が出る。いつものように白井の親方が夜遅くまでトラクターを動かし、いつものように出面《でめん》さんが働く。きっと以前と同じなンだろう。オオハンゴンソウの黄色の向こうに、雪子おばちゃんやすみえ

ちゃんの家があって。もしもお前らがその周辺に〝拾って来た家〟を建ててくれると嬉しい。拾って来た町が本当に出来る。アスファルトの屑を敷きつめた広場で、快や孫たちが遊んでたら嬉しい。金なんか望むな。倖せだけを見ろ。ここには何もないが自然だけはある。自然はお前らを死なない程度には充分毎年喰わしてくれる。自然から頂戴しろ。そして謙虚に、つつましく生きろ。それが父さんの、お前らへの遺言だ」

音楽——盛りあがって。

エンドマーク

スタッフ

制作……中村敏夫
演出……富永卓二
　　　　杉田成道
　　　　山田良明
音楽……さだまさし
撮影……竹越由幸
照明……本間利明

キャスト

黒板五郎……田中邦衛
黒板 純……吉岡秀隆
黒板 螢……中嶋朋子
黒板令子……いしだあゆみ
宮前（井関）雪子……竹下景子
北村清吉……大滝秀治
北村草太……岩城滉一
木谷涼子……原田美枝子
吉本つらら……熊谷美由紀
中畑和夫……地井武男
中畑みずえ……清水まゆみ
中畑すみえ……中島ひろ子
井関利彦……村井国夫
笠松杵次……大友柳太朗

笠松正吉……中沢佳仁
笠松みどり……林美智子
吉野信次……伊丹十三
本多弁護士……宮本信子
こごみ……児島美ゆき
沢田松吉……笠　智衆
中畑ゆり子……立石涼子
中畑　努……六浦　誠
大里れい……横山めぐみ
運転手……古尾谷雅人
和久井勇次……緒形直人

松田タマコ……裕木奈江
タマコの叔父……菅原文太
小沼シュウ……宮沢りえ
黒木夫人……大竹しのぶ
黒木　久……井筒森介
井関大介……沢木　哲
高村吾平（トド）……唐　十郎
高村　結……内田有紀
高村　弘……岸谷五朗
山下先生……杉浦直樹

初放送

北の国から　1981年10月9日～1982年3月末まで全24回
北の国から'83冬　1983年3月24日
北の国から'84夏　1984年9月27日
北の国から'87初恋　1987年3月27日
北の国から'89帰郷　1989年3月31日
北の国から'92巣立ち　1992年5月22日、23日の二夜連続
北の国から'95秘密　1995年6月9日
北の国から'98時代　1998年7月10日、11日の二夜連続
北の国から2002遺言　2002年9月6日、7日の二夜連続
（以上フジテレビ系全国ネットで放送）

資料書籍

『北の国から（前編）』　1981年

『北の国から(後編)』 1981年
『北の国から'83冬』 1983年
『北の国から'84夏』 1984年
『北の国から'87初恋』 1987年
『北の国から'89帰郷』 1989年
『北の国から'92巣立ち』 1992年
『北の国から'95秘密』 1995年
『北の国から'98時代』 1998年
『北の国から2002遺言』 2002年
『定本　北の国から』 2002年
(以上理論社より刊行)

『別冊山と溪谷 倉本聰の世界』山と溪谷社 1993年
倉本聰『「北の国から」異聞　黒板五郎　独占インタビュー!』講談社 2018年
倉本聰・碓井広義『ドラマへの遺言』新潮社 2019年
碓井広義編『倉本聰の言葉—ドラマの中の名言—』新潮社 2020年

おわりに

2021年3月24日、『北の国から』の主人公・黒板五郎を演じた、俳優の田中邦衛さんが亡くなった。88歳だった。

4月3日、フジテレビは追悼番組として、『北の国から'87初恋』を放送した。横山めぐみさんがヒロインの「れいちゃん」を演じた、名作の1本だ。平均世帯視聴率は、何と9・4%に達した。ほとんど予告なしの放送だったにもかかわらず、最近は新作ドラマでもなかなか難しい、10%近い数字を獲得したことは驚きだ。北海道ではなんと15%近く行った。

そして、北海道・富良野にある、ドラマのロケ現場「五郎の石の家」に、田中邦衛さんのための「献花台」と「記帳台」が設置されたのは4月10日だった。田中さん、そして「五郎さん」をしのんで集まった人は、初日だけで1800人。その後の一ヵ月で8000人に達したという。

彼らと同じ時代を生き、年齢を重ねてきた人たちの中で、『北の国から2002遺言』からの現在までの20年間、物語はずっと続いているのではないだろうか。そうでなければ、

34年前に放送された作品が多くの人に視聴され、主演俳優と彼が演じた劇中の人物を慕って、たくさんの人がわざわざ富良野まで足を運んだりはしない。やはり『北の国から』は、見る側の心の中で、終わってはいないのだ。

しかも、今年は「放送開始40周年」に当たる。そんな記念の年に、「何を望むか」と訊かれたら、多くの人が同じように答えるはずだ。「『北の国から』の新作が見たい!」と。出来るものなら、「現在の黒板一家」に会いたいのだ。

思えば、『2002遺言』のラストで五郎は遺言を書いてはいたが、亡くなったわけではなかった。その後、黒板家の人たちは、たとえば東日本大震災を、どこでどんなふうに経験し、昨年からのコロナ禍の中、どう生きているのか。きっと五郎は、今も富良野の風景の中で飄々と暮らしているような気がする。

実は今年の夏、倉本は『北の国から』の最新作を書き上げた。『北の国から2021』にあたるシナリオだ。これまで五郎はどうしていたのか。そして今、五郎は何を思っているのか。いわば人生の到達点の情景が描かれている。田中邦衛という俳優の不在を承知の上で、それでも「五郎の物語」に挑んだ倉本に敬意を表したい。このシナリオが映像化され、ドラマとして見られる日が来ることを心から願っている。

本書は、私を含め『北の国から』と「黒板五郎」を愛する、すべての人の想いから生まれた。五郎が過ごした20年の日々を、名場面と名セリフで追体験できるような一冊を目指したものだ。ドラマの世界に没入してもらいたいと思い、解説や説明は最小限にとどめた。

黒板五郎は決して饒舌ではない。むしろ無口な男だ。しかし、五郎が発する言葉だけでなく、度々の沈黙の奥にも、語り尽くせない喜び、悲しみ、悔しさ、そして愛情が溢れている。そこに込められた、家族と周囲の人たちに対する熱い気持ちは普遍的なものであり、古びることはない。いや、読み直すたびに新たな発見があるはずだ。黒板五郎は、ここにいる。

最後に、この本を編むことを快諾してくださった倉本聰先生、編集を担当していただいた幻冬舎の菊地朱雅子さん、そして読者の皆さんに感謝いたします。ありがとうございました。

2021年10月9日
『北の国から』放送開始40周年の記念日に

碓井 広義

倉本 聰

脚本家・劇作家・演出家

1935年東京都生まれ。東京大学文学部美学科卒業。59年ニッポン放送入社。63年退社後、シナリオ作家として独立。77年北海道・富良野に移住。84年「富良野塾」を開設。主な作品に『赤ひげ』『勝海舟』『前略おふくろ様』『北の国から』『昨日、悲別で』『風のガーデン』『やすらぎの郷』ほか。

碓井広義

メディア文化評論家

1955年長野県生まれ。慶應義塾大学法学部政治学科卒業。千葉商科大学大学院政策研究科博士課程修了。博士（政策研究）。81年テレビマンユニオンに参加。以後20年間、ドキュメンタリーやドラマの制作を行う。代表作に『人間ドキュメント 夏目雅子物語』など。慶大助教授などを経て、2020年まで上智大学文学部新聞学科教授（メディア文化論）。著書に『少しぐらいの嘘は大目に―向田邦子の言葉―』『倉本聰の言葉―ドラマの中の名言―』（ともに新潮社）、『テレビの教科書』（PHP研究所）ほか。

ブックデザイン　水戸部 功＋北村陽香

協力　株式会社フジテレビジョン

『北の国から』
黒板五郎の言葉

2021年10月9日　第1刷発行

著　者　倉本 聰
編　者　碓井広義

発行人　見城 徹
編集人　菊地朱雅子
発行所　株式会社 幻冬舎
〒151-0051 東京都渋谷区千駄ヶ谷4-9-7
電話 03(5411)6211(編集)
03(5411)6222(営業)
振替 00120-8-767643
印刷・製本所　中央精版印刷株式会社

検印廃止

ISBN978-4-344-03850-9 C0095
幻冬舎ホームページアドレス　https://www.gentosha.co.jp/
この本に関するご意見・ご感想をメールでお寄せいただく場合は、
comment@gentosha.co.jpまで。